Schirner Verlag

SUSANNE STEIDL

YONI CHAKRA

BRINGE DEINE WEIBLICHE KRAFT ZUM ERBLÜHEN

Schirner Verlag

ISBN Printausgabe 978-3-8434-1554-5
ISBN E-Book 978-3-8434-6537-3

Susanne Steidl:
Yoni-Chakra
Bringe deine weibliche
Kraft zum Erblühen

Umschlag: Anna Twele,
Schirner, unter Verwendung von
#1676132554 (© Casther) und
#426023218 (© Benjavisa Ruangvaree
Art), www.shutterstock.com
Layout: Hülya Sözer, Schirner
Lektorat: Claudia Simon, Schirner
Printed by: Ren Medien GmbH,
Germany

www.schirner.com

1. Auflage Mai 2024

INHALT

DIESES BUCH WIDME ICH
MEINEN TÖCHTERN
MIRJA, INES UND JANA.
LASST EURE WILDE SCHÖNHEIT
ERSTRAHLEN, BESCHREITET
EUREN WEG
DER WEIBLICHKEIT!

EINLEITUNG

Liebe Leserin, dieses Buch ist für dich, für mich, für uns Frauen, unsere Mütter und Töchter. Auf dem Weg zurück in unsere pure weibliche Urkraft steht es uns als Begleiter zur Seite und erinnert uns an die Energie und Weisheit, die aus unserer Yoni, dem Schoßraum, entspringen und sich in unserem Leben verströmen wollen.

Tauche ein in das große, kraftvolle Mysterium deiner Weiblichkeit. Deine Chakras weisen dir die Richtung. Sie zeigen dir auf, wo deine heilige Lebensenergie schlummert und darauf wartet, von dir erweckt, anerkannt und gelebt zu werden.
Erlange Erkenntnisse darüber, wie du die Quelle deiner weiblichen Energie zum Sprudeln bringst, sodass sie deine Chakras nährt und damit dein gesamtes Leben auf wunderbare Weise fruchtbar macht und zum Erblühen bringt. **In welchem Lebensabschnitt du dich auch befindest, es ist immer der richtige Zeitpunkt, dich auf deinen weiblichen Weg zu begeben.**

Die Welt braucht Weiblichkeit, und das mehr als je zuvor. Sie braucht Frauen, die die Basis für ein neues Miteinander erschaffen und eine Welt ermöglichen, in der wir alle unseren Platz haben, uns ausdrücken können. Wo die alten Konzepte von Macht, Kontrolle und Patriarchat der Liebe weichen und die Erde, Mutter Natur und alle Menschen auf der Welt befreit aufatmen können.

Wenn wir Frauen unsere Urkraft leben, laden wir auch die Männer ein, die ihrige wiederzuentdecken. Die weiblichen und männlichen Energien werden sich ausgleichen, und dadurch geschieht Veränderung: in uns, unseren Beziehungen, unserer Familie und in der ganzen Gesellschaft. Die Kraft der Weiblichkeit erhält wieder ihre ursprüngliche Würde und kann uns ihren Segen schenken.

Liebe Frau, Freundin, Schwester, ich freue mich auf unsere gemeinsame Reise des Erblühens, der Entfaltung und Erfüllung.

Von Herzen
Susanne

DAS ERBLÜHEN BEGINNT IM SCHOSS

Unsere Yoni ist heilig. Aus ihr entspringt die weibliche Urkraft. Der Begriff »Yoni« kommt aus dem Sanskrit und bedeutet »Tempel der Weiblichkeit/Göttin«, »Tor ins Leben«, »Quelle« und »Ursprung«. Auf spiritueller, energetischer Ebene bezeichnet er die heilige Schöpferkraft von uns Frauen, unseren Zugang zum göttlichen Ursprung, auf körperlicher Ebene die weiblichen Sexual- und Fortpflanzungsorgane.

Laut der indischen Yogalehre sitzt im Wurzelchakra die Kundalini-Energie, auch »Schlangenkraft« genannt. Diese beschreibt die göttliche Lebenskraft, die in jedem Menschen schlummert und darauf wartet, erweckt zu werden, um sich dann über alle weiteren Chakras zu entfalten. Auf ihrem Weg vom Wurzelchakra zum Seelenchakra bringt sie Licht und Klarheit in alle Energiezentren und durchleuchtet sie. Wir Frauen erwachen in ein neues Bewusstsein, und all unsere Lebensbereiche werden mit der weiblichen Urkraft durchwirkt und zum Erblühen gebracht.

In meinen Seminaren und Coachings erlebe ich häufig, dass die Teilnehmerinnen zunächst zurückschrecken, wenn sie das erste Mal mit der Energie ihrer Yoni in Verbindung gehen. Sie erscheint ihnen übergroß, wie ein unendliches Mysterium, in dem sie befürchten, sich zu verlieren.

Zudem ist für sie noch nicht abschätzbar, was alles aus ihr hervorgehen wird, wenn sie sie sich zu eigen machen. Dennoch spüren sie eine große Sehnsucht danach. Immer mehr Frauen machen sich auf den Weg, um ihre ureigene Kraft wieder in Besitz zu nehmen.

Ich lade dich ein, einen Moment innezuhalten und der folgenden Frage nachzuspüren: Was wird es für dich bedeuten, wenn du die heilige Urkraft in deinem Schoßraum aktivierst?
Nimmst du vielleicht eine leichte Aufregung wahr, ein inneres Kribbeln, etwas in dir, was mit dieser Frage in Resonanz geht? Auch wenn du dir dessen noch nicht bewusst bist oder es dir kaum vorstellen kannst: Die Aktivierung deiner heiligen Schoßraumenergie kann dein Leben grundlegend verändern und dich vollkommen neu beleben. Sie ermöglicht es dir, zu der wundervollen Frau zu werden, die du in deinem Kern bereits bist. **Denn deine Weiblichkeit ist der reine Ausdruck deiner selbst.**

Ich möchte dir deutlich machen, welche Wirkung die wiederbelebte Energie aus deiner Yoni auf die Chakras und damit auf dein Leben hat. Die Chakras kannst du dir wie ein Spiegelbild deines Lebens mit all seinen Themen vorstellen. Sie reflektieren sämtliche körperlichen, emotionalen und psychischen Aspekte sowie dein Entwicklungspotenzial. »Chakra« ist ein Begriff aus dem Sanskrit und bedeutet »Rad« oder »Kreis«. Diese Energiezentren befinden sich in unserem feinstofflichen Körper, und jedes hat eine eigene Schwingung, dreht sich und versorgt uns dadurch mit Lebensenergie. Je nachdem, wie weit sie geöffnet und in ihrer Kraft sind, unterstützen sie uns bei der Entfaltung unseres weiblichen Seins. **Die Lebensenergie aus unserer Yoni freizusetzen und damit die Chakras zu aktivieren, sie in ihre Vollkommenheit zu bringen, bedeutet, den Weg der Erleuchtung zu beschreiten.**

Die Chakras zeigen uns nicht nur die Entwicklungsstufen auf, die wir im Laufe eines Lebens bis hin zur Erleuchtung durchschreiten können. Sie geben uns auch Aufschluss darüber, wo es in unserem Leben mehr oder weniger rundläuft. Wenn ein Energiezentrum aufgrund von Blockaden nicht optimal arbeitet, wird es sich mit seinen Themen immer wieder in unserem Leben zu erkennen geben.

Wir beginnen unseren gemeinsamen Weg des Erblühens beim Wurzelchakra, weil es uns die für den Prozess nötige Erdung und Verwurzelung schenkt. Erst wenn unsere unteren, irdischen Chakras bereit sind, können wir die Energien aus den höheren Chakras empfangen und in unser Leben fließen lassen.

Das Wurzelchakra, dem wir uns zuerst widmen, verbindet uns mit dem Schoß von Mutter Erde, unserem Ursprung. Das Sakralchakra ist die Quelle unserer sexuellen Energie und Lust. Das Solarplexuschakra ermächtigt uns, zu handeln. Das Herzchakra lässt uns wirklich lieben. Das Halschakra befreit unseren Ausdruck. Das Stirnchakra schenkt uns intuitive Einsichten. Das Kronenchakra ermöglicht uns die Verschmelzung mit unserem himmlischen Ursprung. Am Ende unseres gemeinsamen Weges verbindet uns das Seelenchakra mit unserer lichtvollen Essenz.

Die Reise durch die Chakras und damit durch die einzelnen Entwicklungsfelder kannst du immer wieder durchführen. Es ist ein Prozess, der dich zunehmend reifen lässt. Wie ein Baumstamm Jahr für Jahr die Anzahl seiner Ringe vergrößert, wirst auch du wachsen: Deine Sichtweise wird umfassender, du betrachtest die Themen differenzierter und klarer und kannst dein Leben immer feinsinniger und bewusster erfahren.

ICH LADE DICH EIN,
DIE HEILIGE WEIBLICHE ENERGIE
IN DIR ZU ENTDECKEN,
SIE ANZUERKENNEN, ZU WÜRDIGEN
UND ZU LEBEN.
ICH LADE DICH EIN,
JA ZU DEINER WEIBLICHEN KRAFT
UND DAMIT ZUM LEBEN ZU SAGEN.
JETZT BEGINNT DEINE REISE
DES ERBLÜHENS.
FREUE DICH AUF VIELE NEUE
ERKENNTNISSE!

WURZELCHAKRA – DEIN WEIBLICHER URSPRUNG

In diesem Kapitel widmen wir uns der weiblichen Geschichte und Kultur, ebenso dem weiblichen Körper und der Anbindung an die Urkraft von Mutter Erde. Du blickst zurück auf deine Ahninnen, dein weibliches Erbe, und festigst dein Ankommen hier auf Erden.

Das Wurzelchakra ist das Gefäß unserer Weiblichkeit. Es steht für unser Ankommen in dieser Welt, unsere Empfängnis, Geburt und die frühen Lebensjahre. Dieses Energiezentrum am Ende des Steißbeins ist nach unten gerichtet und verbindet uns mit dem Element Erde und damit auch mit Mutter Erde.

Im Wurzelchakra ist die Energie des Urvertrauens, der Geborgenheit, des Gehaltenseins verankert. Wie groß die Turbulenzen und Herausforderungen auch sein mögen, die uns begegnen, diese Energie kann uns wieder das Gefühl schenken, dass das Leben es gut mit uns meint. Unser Urvertrauen ist abhängig davon, wie unsere Ankunft auf der Welt war, ob wir im Mutterbauch, bei der Geburt und in den ersten Lebensjahren Sicherheit und Annahme erfahren haben.

Über eine energetische Nabelschnur verbindet uns das Wurzelchakra mit dem Herzschlag von Mutter Erde, unserer Urmutter, die uns bedingungslos liebt und nährt, uns einwebt in das große Ganze, in die Materie alles Seins. Mutter Erde symbolisiert die archetypische weibliche Kraft.

In alten Kulturen, vor allem in Matriarchaten, wurde die Erde als Urgöttin verehrt. So galt zum Beispiel die griechische Göttin Gaia als Erdmutter. Sie wurde als Frau dargestellt, die sich zur Hälfte aus der Erde erhob, also untrennbar mit ihrer Essenz, ihrem ursprünglichen Element, verbunden war. Die Erde wurde als Schöpferin und Ernährerin alles Lebendigen angesehen. Die Geburt von Mensch und Tier war ein heiliger Schöpfungsakt, und der Kreislauf des Lebens und Sterbens wurde anerkannt und gewürdigt.
Eine Befruchtung wurde nicht nur als rein körperlicher Prozess, sondern darüber hinaus als heiliger Akt betrachtet. Der Frau wurden göttliche Kräfte zugeschrieben, da sie in der Lage war, neues Leben in die Welt zu bringen. Zu dieser wundervollen Sichtweise dürfen wir wieder zurückkehren.

IN DIR ZU HAUSE SEIN

Heute fühlen sich viele Frauen abgeschnitten, nicht gehalten, kennen ihre Wurzeln nicht. Erschöpfung, Unruhe, Schlafstörungen, Aktionismus, Davonlaufen, Haltlosigkeit, innere Kälte und Angstzustände sind einige Aspekte, die auftauchen, wenn die ursprüngliche Verbindung zur Erde fehlt.
Solange wir im Überlebensmodus sind, weil unsere Existenz nicht gesichert ist oder wir uns in unserem Umfeld nicht gut aufgehoben fühlen, können wir den Weg der Entfaltung nicht frei und losgelöst beschreiten. Erst durch die Verwurzelung, durch eine zuverlässige Verbindung, können wir uns den Energien öffnen.

Um den weiblichen Weg des Erblühens zu gehen, ist es zunächst wichtig, dass wir unseren Schoßraum selbst bewohnen. Dass wir in unserer eigenen inneren Kraft ankommen, uns mit Mutter Erde verbinden und aus diesem Gefühl der Geborgenheit heraus unsere kreativen Impulse in die Welt bringen. Die Verbindung mit der Erde und unserem Körper ist wesentlich für uns Frauen. Erst durch sie kann unser Wurzelchakra die Lebensenergie halten und fließen lassen.
Mit der Erde verbunden zu sein, bedeutet, mit den Rhythmen und den Elementen der Natur im Einklang zu sein und uns selbst als ein Teil von ihr zu erkennen. Zu wissen, dass die Erde uns nährt und am Leben hält.

ÜBUNG

Verbinde dich mit dem Schoßraum der Erde

Lege dich bequem hin. Platziere die Hände auf der Brust, und spüre deinen Herzschlag. Stelle dir eine energetische Nabelschnur vor, die von deinem Herzen über deinen Schoßraum bis nach unten zu deinem Wurzelchakra verläuft. Von dort reicht sie weiter tief in die Erde hinein, bis zum Herzen der Erde. Nimm den Herzschlag der Erde wahr. Spüre, wie sich dein Herzschlag mit dem der Erde synchronisiert. Du wirst eins mit der Erde.
Über die energetische Nabelschnur strömt reines Urvertrauen von Mutter Erde in dein Wurzelchakra. Visualisiere diese Energie als rotes Licht. Es strömt in deine Yoni, erfüllt dein gesamtes Becken. Wärme macht sich in dir breit. Atme entspannt ein und aus. Empfange so viel Urvertrauen, bis du richtig satt und erfüllt davon bist. Dann sprich folgende Affirmationen: »Ich bin verbunden, ich bin geborgen, ich bin da.«

Viele Frauen haben keine gute Beziehung zu ihrem Körper, fühlen sich darin unwohl. Sie messen sich an Idealvorstellungen und sind sehr selbstkritisch. Sich in der eigenen Haut wohlzufühlen, sich selbst anzunehmen, wie man ist, ist jedoch essenziell. Unser Dasein beginnt im Körper. Er ist die Heimat unserer Seele und unserer Liebe. In ihm liebevoll präsent zu sein, bedeutet, im Leben präsent zu sein.
Daher dürfen wir Ja sagen: Ja zu unserem Aussehen, Ja zu unserem Gewicht, Ja zu unseren Haaren, unserer Nase, unserem Bauch, unseren Brüsten. Ja zu uns selbst. Wenn wir das tun, können wir endlich wieder tief durchatmen und uns in unser Sein hineinentspannen. Sich im eigenen Körper sicher und wohlzufühlen, ist die Basis für alles Weitere: Wir können uns hingeben, loslassen, alles fühlen.

ÜBUNG

Schenke deinem Körper Liebe

Stelle dich nackt vor einen Spiegel, zunächst mit geschlossenen Augen. Lege die Hände auf dein Herz, atme ein paarmal bewusst ein und aus, und verbinde dich mit der Liebe in deinem Herzen. Dann öffne die Augen, und betrachte dich in deiner Ganzheit mit einem weichen, liebevollen Blick. Achte darauf, deinen Mund leicht offen zu lassen, deine Zunge zu entspannen und auch ein Lächeln anzudeuten.
Was siehst du, wenn du dich voller Herzenswärme betrachtest?
Lasse deinen Blick von deinen Füßen aus über deinen gesamten Körper gleiten. Wenn du merkst, du kommst ins Bewerten, atme tief durch, und mache deinen Blick wieder weich, weit und liebevoll. Gern kannst du auch die Körperbereiche sanft berühren, die du gerade anschaust. Berühre dich liebevoll, atme liebevoll, betrachte dich liebevoll. Wenn du dich vollkommen gesehen hast, sprich folgende Worte: »Ich danke dir, mein Körper, ich segne dich, ich liebe dich.«

Tanzen, Yoga, Sport, Saunagänge, Massagen … – alles, was dich dabei unterstützt, dich mit deinem Körper zu verbinden, präsent in ihm zu sein und ihn zu spüren, ist hilfreich.
Eine wunderbare Möglichkeit, das Körperbewusstsein zu stärken, ist, nackt zu schlafen. Ich mache es seit einigen Jahren. Die ersten Male war es noch ungewohnt, aber innerhalb kurzer Zeit wurde es zur Normalität. Dadurch verändert sich die Beziehung zu deinem Körper, und es fällt dir leichter, ihn anzunehmen. Er wird nicht mehr durch Kleidung eingeengt, du befreist dich. Die Haut kann besser atmen, und auch die Yoni bekommt wieder Luft. Es gibt dir die Möglichkeit, dich natürlich und direkt zu berühren, zum Beispiel deine Brüste, die dem Herzchakra, dem Energiezentrum der Liebe, zugeordnet sind, das dadurch aktiviert wird. Außerdem wird durch das Nacktschlafen das Wohlfühlhormon Oxytocin ausgeschüttet, was den Schlaf verbessert. Ebenso werden die Durchblutung, der Stoffwechsel und das Immunsystem angeregt, und der Körper lernt, die Wärme selbst zu regulieren. Wenn dein Partner ebenfalls nachts auf Kleidung verzichtet, kann dies zudem neue Energie in euer Liebesleben bringen.

ÄNGSTE, DIE SCHATTEN DES WURZELCHAKRAS

Zugehörigkeit, Verbundenheit und Sicherheit sind Grundbedürfnisse von uns Menschen und dem Wurzelchakra zugeordnet. Wenn wir aufbrechen, um uns zu entfalten, können Ängste dahin gehend zum Vorschein kommen. Sie sind die Schattenseiten des Wurzelchakras.

Angst, dass der Partner sich abwendet, wir den Kontakt zu unseren Kindern verlieren, wir aus der Gemeinschaft ausgegrenzt werden. Angst, allein zu sein, ohne Mann und auf uns selbst gestellt in dieser Welt nicht bestehen zu können. Angst, dass das Leben, das wir uns aufgebaut

haben, aus den Fugen gerät, wenn wir uns mit der eigenen Kraft verbinden. Ob bewusst und unbewusst, all diese Ängste sind in uns Frauen in den verschiedensten Ausprägungen vorhanden.
Die Furcht, auf dem Weg zu sich selbst jemanden zu verlieren, kann eine große Hürde darstellen. Unabhängig davon, ob sie real begründet ist oder nicht, wirkt sie in uns. **Generationen von Frauen vor uns haben angstvolle Realitäten erfahren, und diese Urwunden sind noch immer im kollektiven Feld vorhanden.** So kann es sein, dass eine Frau, die zwar finanziell unabhängig und sozial gut eingebunden ist, sich dennoch aus einer unbewussten Unsicherheit heraus mit bestimmten Themen und Problemen in ihrem Leben nicht auseinandersetzt und lieber alles so belässt, wie es ist.
Obwohl das Loslassen in unserer weiblichen Natur liegt, ist die Sorge, verlassen zu werden, in uns sehr präsent. Sie taucht in meiner Arbeit mit Frauen fast immer auf.

Ängste unterdrücken unsere Lebensenergie. Durch die fehlende Verbindung zum Wurzelchakra und damit zur Erde sind wir Frauen nicht mehr in unserem Körper präsent. Wir gestalten unser Leben aus dem Verstand heraus, orientieren uns an der männlichen Energie und passen uns an das männlich geprägte gesellschaftliche System an. Wir suchen die Energie im Außen, werden von ihr abhängig, weil wir den Bezug zu unserer eigenen inneren Kraft und Natur verloren haben.

Als ich mich in der Trennungsphase von meinem damaligen Mann befand, überrollte mich die Panik, meine Kinder zu verlieren, wie ein Tsunami. Sie war rational unbegründet, dennoch ließ sie mich nicht los. Sie lähmte mich, und ich hatte das Gefühl, als würde sie mich innerlich zerreißen. Schließlich habe ich mich coachen lassen und bin durch diese Angst hindurchgegangen. Erst als ich sie aufgelöst und die Gewissheit hatte, dass niemand mir meine Kinder nehmen konnte, folgten die weiteren Schritte.
Bei einem meiner Schoßraumrituale erzählte mir eine Teilnehmerin, wie die Angst vor dem Loslassen hochgekommen sei, als ihr Kind geboren

wurde. Mit dem Ritual konnte sie sich von ihr befreien. In der abschließenden Meditation sah sie, wie sie in einem heiligen Raum von vielen Menschen empfangen wurde. Sie war eingebunden in das große Ganze und verspürte eine noch nie dagewesene schöpferische Kraft in sich.

Eine weitere Furcht ist ebenfalls wirksam: die der Männer vor dem weiblichen Mysterium. Unsere weibliche Kraft ist für sie häufig undurchschaubar und manchmal auch etwas unheimlich. Sie können nicht einordnen, welche Entwicklungen wir machen. Eine Teilnehmerin meines Frauenseminars erzählte mir, dass ihr Mann sie zuvor gefragt hatte: »Wenn du dorthin gehst, erkenne ich dich danach wieder?« Wir Frauen können die Ängste unserer Männer spüren, und häufig lassen wir uns von ihnen beeinflussen und begrenzen.

DEIN ANKOMMEN IN DER WELT

Die Empfängnis, die Zeit im Mutterleib, die Geburt und die ersten Lebensjahre bilden die Basis für ein harmonisches Wurzelchakra. Viele von uns hatten nicht die optimalen Startvoraussetzungen. Es kann sein, dass die Schwangerschaft ungeplant, das Kind nicht erwünscht war. Dass die Mutter mehrere Fehlgeburten gehabt hat und die darauffolgende Schwangerschaft von großer Sorge begleitet war. Es ist möglich, dass während der Schwangerschaft jemand in der Familie gestorben oder etwas anderes Traumatisches passiert ist.
Intensive Erfahrungen der Mutter während der Schwangerschaft können unmittelbar auf den Embryo wirken und sind damit prägend. Auch die eigene Geburt, die nicht selten mit einem Trauma einhergeht, weil zum Beispiel ein Kaiserschnitt durchgeführt werden musste, kann sich auf das spätere Leben auswirken.

Eine weitere gravierende Erfahrung im Mutterleib kann der Tod eines Zwillings sein. Ich selbst habe sie gemacht, wurde mir ihrer aber erst aufgrund eines schmerzenden Zahns und der dadurch notwendigen Wurzelbehandlung wieder bewusst. Zähne stehen in Verbindung mit dem Wurzelchakra. Bereits beim Zahnarzt überkam mich eine große Traurigkeit. Als mein Mann abends nach Hause kam, brachen Tränen und starke Gefühle aus mir hervor. Ich spürte eine intensive Enge im Hals und einen enormen Druck im Kopf. Gemeinsam gingen wir der Ursache auf den Grund.
Die Zahnschmerzen führten mich zurück in den Mutterleib, und ich erkannte, dass ich damals nicht allein im Bauch meiner Mutter gewesen bin, sondern eine Schwester gehabt habe. Die Erinnerung, sie zu verlieren und danach allein weiterleben zu müssen, erschütterte mich zutiefst. Ich habe selten so geweint und geschluchzt. Mein Mann hat mich durch den sehr emotionalen Prozess des Trauerns und Heilens mit Energiearbeit geführt. Danach fühlte ich mich erleichtert, klar und im Frieden.
Ähnliches berichten auch meine Klientinnen und Klienten, wenn sie eine solche Erfahrung machen. Sie sprechen von einer tiefen Einheitserfahrung, einer innigen Verbundenheit und Liebe, wenn wir in die Zeit zurückgehen, als sie noch zu zweit oder zu mehreren waren. Zeitlebens sind wir auf der Suche nach genau diesem Gefühl.

Traumatische Erlebnisse im Mutterleib, bei der eigenen Geburt wie auch in der Zeit danach wirken sich also stark auf uns aus. Sie können sich zum Beispiel dadurch zeigen, dass wir nicht gern allein sind, uns einsam fühlen und nicht in der Lage sind, das Leben vollkommen anzunehmen. Oder auch durch das Empfinden, nicht hierherzugehören, dass etwas zur Erfüllung und Ganzheit fehlt, durch intensive Ängste, langes Aushalten in unglücklichen Beziehungen, Schuldgefühle, übermäßiges Arbeiten oder hohen Leistungsdruck.
Solltest du mit den Themen in Resonanz gehen, lasse dich von jemanden professionell unterstützen und begleiten, um diese frühen Erfahrungen zu heilen.

DIE KRAFT DER AHNEN

Wir verdanken unseren Ahninnen und Ahnen unser Leben. Generationen von Frauen vor uns haben zahllose Hürden überwunden, damit wir neue Wege beschreiten und uns entfalten können. Unsere Weiterentwicklung, das Erblühen unserer Weiblichkeit, ist daher nicht nur ein Geschenk an uns selbst und unsere Nachkommen, sondern auch an unsere Ahninnen. Wenn wir zu uns stehen, unsere Kraft annehmen und Liebe in die Welt bringen, dann haben sich ihre Entbehrungen, ihre Mühe und ihr Einsatz gelohnt.
In Verbindung mit unseren Ahnen können wir ihre Kraft empfangen. Sie geben uns ihre Fähigkeiten und Potenziale weiter, die wir dankend annehmen dürfen. Sie stärken uns den Rücken, verleihen uns Halt und schenken uns den Impuls zum Weitergehen.

Das Erbe der Ahnen besteht jedoch nicht nur aus Gaben. Auch Schattenthemen werden weitergereicht, die sich auf körperlicher, emotionaler und psychischer Ebene bemerkbar machen. Uns darf bewusst werden, dass nicht alles, was wir erfahren und erleben, auch seinen Ursprung in unserem Leben hat. Manchmal liegt dieser weit zurück.
Erschütternde Erlebnisse, wie der frühe Tod von Kindern, Eltern und des Partners, Krankheiten oder Erfahrungen von Krieg, Flucht und Vertreibung, können von Generation zu Generation weitergegeben werden. Es ist möglich, dass ein solches Trauma durch die letzten sieben Generationen bis heute in deinem eigenen Energiefeld wirkt. Mit der Frage »Gehört dieses Gefühl/Thema zu mir oder nicht?« kannst du hineinspüren und ergründen, wo es seinen Ursprung hat.

Häufig zeigen sich diese Traumata als Wiederholungen, das heißt, bestimmte Erfahrungen tauchen in jeder Generation von Neuem auf. Wir brauchen diese Themen jedoch nicht weiter in uns zu tragen und fortzu-

führen. Wir dürfen uns von ihnen befreien, sie dorthin zurückgeben, wo sie herkommen.
Zurzeit kommen viele Schattenthemen aus den Ahnenreihen an die Oberfläche. Sie werden sichtbar, damit sie geheilt werden können. Heilung geschieht in der Gegenwart genauso wie in der Vergangenheit und Zukunft und befreit uns selbst, unsere Vorfahren sowie unsere Nachkommen.

ÜBUNG

Heilung der Ahnenreihe

Nimm ein Feuerzeug sowie sieben Teelichter, die du in einer Reihe vor dir aufstellst, und setze dich bequem auf den Boden. Atme entspannt ein und aus, und stelle dir vor, wie von deinem Steißbein aus Wurzeln tief in die Erde hineinwachsen. Verbinde dich über deine Wurzeln mit denen deiner Ahnen. Gemeinsam bildet ihr ein großes Flechtwerk.
Blicke auf die letzte Kerze in der Reihe, sie steht für die siebte Generation vor dir, und zünde sie an. Sprich folgenden Satz: »Ich danke euch für alles Schöne und Gute, das ihr mir weitergegeben habt. Ich segne euch. All das, was nicht zu mir gehört und ich für euch trage, gebe ich dorthin zurück, wo es seinen Ursprung hat, und ich bitte dafür um Heilung.« Nimm einen tiefen Atemzug, und spüre nach.
Dann wende dich der vorletzten Kerze zu, und fahre so fort, bis du zur ersten Kerze kommst. Sie steht für deine Eltern, die Generation vor dir. Entzünde auch diese, sprich den Satz, nimm einen tiefen Atemzug, und spüre nach.
Lege nun beide Hände auf dein Herz, und sage: »Ich segne mich, mein Leben und all das, was ich an Geschenken und Gaben erhalten habe. Ich danke euch dafür und bin bereit, das Schönste und Vollkommenste daraus hervorzubringen. Seid gesegnet.«
Spüre nach, was das Ritual mit dir gemacht hat, und vertraue auf seine Wirkung.

DU BIST AUF DAS TIEFSTE
MIT MUTTER ERDE VERBUNDEN.
SIE IST DEINE NATUR.
ERDE DICH,
SPÜRE DEN BODEN
UNTER DEINEN FÜSSEN,
UND BESCHREITE DEINEN WEG.

SAKRALCHAKRA – DEINE WEIBLICHE LUST

In diesem Kapitel richten wir unsere Aufmerksamkeit auf die Quelle deiner Lust und Sinnlichkeit in deiner Yoni. Sie ist der Zugang zu deiner Urkraft und Lebendigkeit, deiner Schöpferkraft und Weisheit. Du kannst die heilige sexuelle Lebensenergie zum Fließen bringen, dich von Schuld und Scham befreien und dich und deine Lust auf eine neue Art und Weise erleben.

Das Sakralchakra steht für unsere Sinnlichkeit, sexuelle Energie, Lust, Genussfähigkeit und Lebensfreude. Es spiegelt den Umgang mit unseren Gefühlen wider und schenkt uns schöpferische, kreative Freiheit. Durch dieses Chakra kommen wir Frauen in Berührung mit unseren natürlichen Fähigkeiten der Hingabe und des Loslassens. Es sind zwei zutiefst weibliche Qualitäten, die uns nicht nur sexuelle Freuden und Orgasmen schenken, sondern uns auch mit dem natürlichen Rhythmus des Lebens verbinden.
Das Sakralchakra ist dem Element Wasser zugeordnet. Es ist die Quelle, aus der unsere Lebensenergie sprudelt, und befindet sich etwas unterhalb des Nabels auf Höhe der Gebärmutter.

Für viele Frauen beginnt der Weg der Selbstentfaltung bei der Yoni und damit bei den Themen des Sakralchakras. Das können die Sehnsucht nach einer erfüllten Sexualität und das Streben nach Sinnlichkeit und

Lebendigkeit sein, genauso aber auch körperliche Symptome im Schoßraum, Lustlosigkeit, Fehlgeburten und unerfüllter Kinderwunsch.
Frauen folgen dem Ruf ihrer Yoni zunächst häufig, ohne zu wissen, was das wirklich bedeutet. Wenn wir uns mit unserem Schoßraum und unserer Sexualität auseinandersetzen, wird eine Energie freigesetzt, die für das gesamte Leben von Bedeutung ist. Das Sakralchakra ist für uns Frauen der Zugang zu unserer heiligen Urkraft.

Wenn wir das Sakralchakra und damit auch die sexuelle Lebensenergie nicht in unser Leben miteinbeziehen, sind wir von der ursprünglichen Urkraft abgeschnitten, wodurch die weiteren Chakras unterversorgt werden. Der Fluss der Lebenskraft versiegt, das Flussbett trocknet aus, und unser Leben wird hart, mürbe und mühsam.
Häufig versuchen betroffene Frauen, die fehlende Energie anderweitig zu kompensieren, beispielsweise durch viel Arbeit, extremen Sport, die übermäßige Identifikation mit der Mutterolle … Aber irgendwann bricht dieses System in sich zusammen.

Die sexuelle Energie aus unserem Sakralchakra ist pure Kraft. Sie ermöglicht es uns, in all unseren Lebensbereichen den vollkommenen Ausdruck zu finden. Ist sie erst einmal aktiviert, dann findet sie ihren Weg. Sie wird in uns all jene Themen anstoßen und zum Vorschein bringen, die unserer Entfaltung im Wege stehen, damit wir sie heilen können.

DIE BEFREIUNG DER HEILIGEN KRAFT

Beim Sakralchakra geht es um die Frage, wie viel Lebendigkeit wir uns erlauben. Je lebendiger wir uns fühlen, desto mehr Energie fließt durch uns, steht uns zur Verfügung. **Frauen haben oft Angst vor zur viel Lebendigkeit, davor, sie anderen zuzumuten und sie damit zu überfordern.**

Als meine weibliche Energie sich zu zeigen begann, wusste ich nicht, wohin damit. Sie fühlte sich wie eine unbändige Quelle an, die sich, wenn ich sie nicht unter Kontrolle hielt, wild und wüst ihren Weg bahnen würde. So kann es sein, dass auch du erschrickst, wenn du mit der heiligen Lebenskraft aus deiner Yoni in Berührung kommst. Einer Kraft, die nicht nur für das Sakralchakra und deine Sexualität, sondern auch für alle weiteren Chakras und Lebensbereiche immens wichtig ist.
Die heilige Urenergie will uns beschenken mit Fülle, Lebendigkeit, Selbstbestimmung, Unabhängigkeit, Liebe, innerer Führung, Vertrauen, Offenheit, Ausdruck, Intuition, Weisheit und Einheitserfahrung. Wir dürfen lernen, dieser uns innewohnenden Kraft zu vertrauen und sie fruchtbringend für unser Leben zu nutzen.

Das Sakralchakra ist für uns Frauen ein sehr bedeutsames Energiezentrum, weil dort viele Tabus, Ängste, Blockaden, Traumata und negative Erfahrungen gespeichert sind. Diese wurden uns über Generationen hinweg mit der Muttermilch weitergegeben. Wir blicken auf 2000 Jahre Patriarchat und die Unterdrückung von Frauen zurück. Auf religiöse Gebote, die die Frau als minderwertig, sündhaft, schuldhaft und unrein betrachten, und auf sexuelle und männliche Gewalt, der Frauen auch heute noch ausgeliefert sind. Unabhängig davon, in welcher Kultur wir groß geworden sind und wie wir erzogen wurden, sitzen die Themen dieser Unterdrückung noch tief in unseren Eierstöcken und Zellen.

Die männliche Sexualität hat nach wie vor einen vollkommen anderen Stellenwert in unserer Gesellschaft. Während ein junger Mann sich ruhig die Hörner abstoßen soll, wird ein junges Mädchen verschrien, wenn sie sich lustvoll auslebt. Das gilt auch noch in reiferen Jahren. Aus Angst vor moralischer Verurteilung verzichten viele Single-Frauen darauf, ihre Ungebundenheit zu nutzen, um lustvolle Erfahrungen zu sammeln.

Das Sakralchakra ist für unser Erblühen so entscheidend, weil die darin liegende sexuelle Energie bis zum Kronenchakra gelangen und uns die göttliche Einheitserfahrung schenken kann. Das bedeutet, dass wir einen direkten Zugang zum universellen Wissen und zur Schöpferkraft haben. Deshalb ist es auch nachvollziehbar, warum weibliche Sexualität mit Schuld und Scham belegt wurde.
Wir Frauen wurden unserer Kraft beraubt, weil man wusste, dass die weibliche Energie schöpferisch und damit sehr mächtig ist. Wir wurden weitgehend aus dem öffentlichen, politischen und religiösen Leben ausgeschlossen. In der Kirche versuchte man, die fehlende weibliche Energie zu kompensieren, was wir an den Priesterröcken und dem Weihwasser, beides Symbole der Weiblichkeit, sehen. Die Befreiung unseres Sakralchakras setzt diese immense Kraft wieder frei.

Es ist an der Zeit, dass wir uns selbst fragen, wie und in welcher Form wir unsere Sexualität leben wollen. Uns nicht davon abhängig machen, was die Kirche, die Politik, die Gesellschaft oder unsere Männer für gut oder schlecht halten. Wir müssen endlich aufhören, uns für unsere Sexualität, die ursprünglich, heilig, göttlich und würdevoll ist, zu schämen.
Sexuelle Energie ist Schöpfungsenergie. Ohne sie gibt es kein Erschaffen, kein neues Leben. Sie ist unser Anfang als Mensch. Durch sie entstehen neue Projekte und können Ideen verwirklicht werden.
Wir dürfen uns unserer innewohnenden weiblichen Schöpfungskraft wieder bewusst werden und uns diese Macht der Kreation von Neuem zu eigen machen.

LUSTVOLLE WEIBLICHE SEXUALITÄT

Wir alle kommen als sexuelle Wesen auf die Welt. Körperliche Lust gehört zum Menschsein dazu. Sie schenkt uns spielerische Freude, Ausgeglichenheit, Genugtuung und Gesundheit. Bei jedem Orgasmus wird eine große Menge an Oxytocin, Dopamin und Endorphinen, allesamt Glückshormone, freigesetzt. Die Durchblutung wird angeregt, das Immunsystem gestärkt, Wohlbefinden und Entspannung machen sich breit. Dennoch haben viele Frauen keine Lust auf Sex. Sie sagen, dass er ihnen nicht fehle, sie gar keine Zeit dafür hätten.

Wenn Frauen wenig oder keinen Bezug zu ihrer eigenen sexuellen Energie haben, kann das vielfältige Gründe haben:

- mit Scham und Schuld besetzte Erziehung
- gesellschaftliche und religiöse Einflüsse und Verbote
- negative Erfahrungen, sexuelle Übergriffe
- unbefriedigender Sex oder Schmerzen dabei
- fehlende Empfindsamkeit der Yoni
- Kaiserschnitt oder andere Operationen am Unterleib
- sich im eigenen Körper nicht wohlfühlen
- Übergänge: Schwangerschaft, Muttersein, Wechseljahre
- Sex als reinen Zeugungsakt sehen, nicht als Liebesakt
- fehlendes Vertrauen in der Partnerschaft

Sexuelle Lust gehört zum Leben wie das Atmen. Natürlich ist sie bei jedem Menschen individuell ausgeprägt. Sie muss auch nicht zwangsläufig in Geschlechtsverkehr oder Selbstbefriedigung münden, sondern kann auch anders gelebt werden. Wichtig ist: Sie sollte wahrgenommen, angenommen und ausgedrückt werden.

Sinnlichkeit und Lust öffnen uns für die weibliche Kraft, die sich dann den Weg in unser Leben bahnt. Um unsere lustvollen Energien zum Fließen zu bringen, brauchen wir Entspannung. Je gelöster wir sind, desto tiefer und intensiver werden die Empfindungen.
Hingabe, sich Zeit lassen und Loslassen sind die Schlüssel für eine erfüllte weibliche Sexualität. Hingabe bedeutet, dass ich in meinem Körper präsent bin, ohne etwas zu wollen. Ich habe kein Ziel vor Augen, keinen Druck, es gibt kein Muss. Ich vertraue dem Körper und seiner Energie. Schon die Absicht, einen Orgasmus haben zu wollen, kann die Hingabe stören. Lust am Spiel, am Sein, am Genießen – das ist alles, was es braucht. Entspannung können wir lernen, indem wir uns Zeit nehmen, uns selbst oder dem Partner sinnlich zu begegnen.

Fragen, die dich unterstützen, über deine Sexualität zu reflektieren:

- Wie wichtig ist dir deine Lust?
- Wie viel Zeit schenkst du dir wöchentlich, um deine Sexualität zu leben?
- Auf einer Skala von null bis zehn, wie zufrieden bist du mit dem Erleben deiner Sexualität?
- Wenn sich diese Einstufung um zwei oder drei Punkte verbessern würde, was würde sich in deinem Sexualleben ändern?

Es gibt eine Redensart, die den Unterschied zwischen männlicher und weiblicher Sexualität gut beschreibt: »Männer sind wie Feuer, sie können schnell entflammen und schnell erlöschen. Frauen sind wie Wasser, sie brauchen länger, um warm zu werden, aber dann können sie über Stunden köcheln.«
Der Zugang zur Sexualität ist bei Mann und Frau verschieden. Für Frauen ist es entscheidend, dass sie Liebe und emotionale Nähe von ihrem Partner erfahren, damit sie ihren Schoßraum öffnen können. Männer hingegen öffnen ihr Herz für die Liebe, wenn sie sich sexuell begehrt fühlen und die Partnerin ihnen Intimität gewährt. Einfach ausgedrückt: Die Yoni einer Frau öffnet sich über das Herz, das Herz eines Mannes öffnet sich über den Lingam (»Penis« in Sanskrit).

Dadurch wird verständlich, wie es zu Missverständnissen zwischen Frau und Mann in der Sexualität kommen kann. Die weiblichen und männlichen Energieströme sind vollkommen verschieden. Bei Frauen fließt die Grundenergie von der Erde nach oben, bei Männern hingegen vom Universum nach unten. Deshalb ist für uns Frauen die Erdung, wie beim Wurzelchakra bereits beschrieben, sehr bedeutend. Die Energie, die wir aus der Erde aufnehmen, bewegt sich wie bei einem Wasserstrudel von außen nach innen in unser Zentrum, ist empfangend. Wir ziehen Energien förmlich an. Die Energie des Mannes hingegen ist nach außen gerichtet und gebend.

Bei der Frau ist die Yoni der empfangende, ihre Brüste sind der gebende Pol. Beim Mann hingegen ist die Brust der empfangende und der Lingam der gebende Pol. Sobald eine Frau und ein Mann sich körperlich nahe kommen oder sich sexuell vereinen, strömt die Herzensenergie der Frau von ihren Brüsten zum Herzen des Mannes und weiter zum Lingam. Von dort aus fließt sie zur Yoni der Frau und wieder nach oben in ihre Brüste. So entsteht ein Kreislauf, durch den ein gegenseitiges Aufladen mit Energie stattfindet, was durch Visualisieren und bewusstes Atmen noch intensiviert werden kann.

Die Unterschiede zeigen sich auch bei den Sexualorganen: Der Großteil der weiblichen Geschlechtsorgane liegt im Inneren der Frau. Dazu zählen die Vagina, der Gebärmutterhals (Zervix), die Gebärmutter (Uterus), die Eileiter und die Eierstöcke. »Vulva« bezeichnet den äußeren, sichtbaren Bereich des weiblichen Geschlechts. Dazu gehören der Venushügel, die äußeren und inneren Vulvalippen, die Vaginaöffnung und die Klitoris.

Unsere nach innen gerichtete Anatomie ist auch ein Grund dafür, dass wir uns selbst nicht ausreichend kennen. Ein Mann hat mehrmals täglich Kontakt mit seinem Penis und ist mit ihm meist viel vertrauter, als es eine Frau mit ihrer Vulva und Vagina ist. Könntest du deine Vulva, also deinen äußeren, sichtbaren Intimbereich, aus dem Gedächtnis heraus zeichnen?

Viele Frauen fragen sich, ob ihre Anatomie »normal« sei. Häufig fehlen ihnen der Vergleich und das nötige Anschauungsmaterial. Vulven können sehr verschieden sein, und es gibt keinen Standard, der bestimmt, wie eine Vulva zu sein hat.
Sich selbst zu kennen und anzunehmen, ist eine Grundlage, um sich im Körper wohlzufühlen und einen positiven Zugang zur eigenen sexuellen Energie und Sexualität zu haben.

Es gibt eine Einteilung von Yoni- und Lingam-Typen im indianischen Medizinrad, das sich in den Quodoushka-Lehren wiederfindet. Hier werden die Yoni und Lingams neun verschiedenen Himmelsrichtungen bzw. Tieren zugeordnet. So ist die Yoni einer Schaffrau im Süden vollkommen anders als die einer Büffelfrau im Westen. Die Unterschiede sind zu finden in der Form der Vulvalippen, im Abstand der Klitorisperle zum Eingang der Vagina, in der Größe der Höhle, der Lage des G-Punktes, der Lubrikation, der Zeit bis zum Orgasmus, den Orgasmusarten und sexuellen Vorlieben. Jede Yoni hat ihre äußeren und inneren Merkmale, Besonderheiten und Vorlieben. Diese zu kennen und darüber Bescheid zu wissen, nimmt Druck, entspannt und schenkt wertvolle Hinweise für die eigene Sexualität. Mithilfe des Lehrbuchs »Neun Juwelen der Lust« von Nhanga Ch. Grunow und Inari H. Hanel kannst du herausfinden, zu welchem Yoni-Typ du gehörst.

ÜBUNG

Betrachte die Schönheit deiner Vulva

Du brauchst einen Handspiegel, einen bequemen Liegeplatz, Kissen, reichlich Licht, Ruhe, Wärme, weil dein Schoßraum nackt sein wird, etwas Öl, ein Blatt Papier und einen Stift.

Lege dich mit nacktem Unterkörper (oder ganz nackt) und leicht aufrechtem Rücken bequem hin, indem du einige Kissen im Rücken platzierst. Winkle die Knie an, stelle die Beine auf, nimm den Spiegel in die Hand, und richte ihn zwischen deine Schenkel.

Schließe die Augen, und nimm einige tiefe Atemzüge. Atme in dein Herz hinein, entspanne das Gesicht und die Augen. Lasse deinen Blick weich und entspannt werden. Nun öffne die Augen langsam mit der Absicht, die Schönheit deiner Vulva zu betrachten. Blicke in den Spiegel, und schaue deine Vulva offen, neugierig und liebevoll an.

Welche Farbe hat sie? Welche Form haben deine äußeren Vulvalippen? Ist deine Klitorisperle sichtbar? Sind die inneren Vulvalippen zu sehen?

Gib etwas Öl in deine Hand, und öffne sanft die äußeren Vulvalippen. Was kannst du jetzt wahrnehmen? Welche Form haben die inneren Vulvalippen? Wie ist der Klitorisschaft? Ist deine Klitorisperle bedeckt oder offen? Wie groß ist der Abstand zwischen Klitoris und Vaginaöffnung?

Du kannst auch ein Foto mit deinem Handy machen, um es in Ruhe zu betrachten.

Versuche jetzt, deine Vulva aus dem Gedächtnis zu zeichnen.

DEINE SINNLICHE LUST ERWECKEN

Rituale der Selbstliebe eignen sich besonders gut, um die eigenen sexuellen Vorlieben herauszufinden. Erst dann, wenn ich weiß, was mich wirklich berührt und beglückt, kann ich es einer anderen Person mitteilen. Niemand kann erraten, was mir gefällt und guttut und was nicht. Beginne, dich selbst zu erforschen, berühre und streichle dich. Begrenze dich nicht auf deinen Schoßraum, sondern beziehe auch anderen Körperbereiche mit ein.

Lust zu empfinden, kann man lernen. Wenn du dich immer wieder an denselben Stellen sanft berührst, entstehen Synapsen, und dein Gehirn lernt, diese Berührungen als erregend zu empfinden. Das kann an der Brust genauso wie am Ohr oder Hals sein.
Manchmal jedoch reagieren Körperbereiche nicht oder nicht wie gewünscht darauf. Die Vagina, die Vulvalippen, der Gebärmutterhals mit Muttermund und die Gebärmutter speichern Informationen. Dort können negative emotionale Themen eingeschlossen sein, wodurch der Energiefluss blockiert ist und sich die Körperstellen taub anfühlen oder sogar schmerzen. Man spricht hier von Verpanzerungen oder emotionalen Blockaden durch traumatische Erfahrungen.

Eine Möglichkeit, die Energien wieder zum Fließen zu bringen, ist eine Entpanzerung (Dearmouring). Wenn du eine Stelle deiner Vagina oder Vulva anfasst, die sich taub oder schmerzhaft anfühlt, fahre mit der Berührung achtsam und liebevoll fort. Atme dabei sanft in diesen Bereich hinein, bis ein lösendes Gefühl entsteht bzw. der Schmerz nachlässt.

Nach einem Kaiserschnitt kann es zu einer Gefühlslosigkeit im gesamten unteren Bauchraum kommen. Betroffene Frauen berichten, dass sie ihre eigenen Berührungen wie auch die ihres Partners auf der Bauchdecke entweder kaum oder gar nicht wahrnehmen. Dasselbe kann auch auf alle Bereiche der Vulva und des Perineums zutreffen, wenn ein Dammschnitt gemacht wurde. Die äußere Unempfindlichkeit setzt sich häufig fort in einer inneren Unempfindlichkeit der Vagina bis hin zu Schmerzen bei einer Penetration. Hier kann eine therapeutische Narbenentstörung hilfreich sein, um die Energien wieder ins Fließen zu bringen und dadurch die natürliche Empfindlichkeit zurückzuerlangen.

Es gibt drei Schlüssel zu mehr Lustempfinden und einem gesteigerten Energiefluss in der Sexualität: der Atem, Geräusche und Bewegung. Atme durch die Nase ein und über den offenen Mund aus, versuche, tief in deinen Bauch zu atmen. Hilfreich ist auch der kleine Atemkreislauf, der deine Yoni mit deinem Herzen verbindet (siehe Übung »Herz-Yoni-Verbindung«, S. 97).
Ja, du darfst beim Sex Geräusche machen – stöhnen, schreien, deiner Lust Ausdruck verleihen. Wenn die Wände dünn sind, dann nimm ein Kissen, und stöhne dort hinein. Du wirst merken, wie befreiend das ist. Und ja, du sollst dich beim Sex bewegen. Du kannst dein Becken kreisen lassen oder es vor- und zurückwiegen. Genauso kannst du deine Beckenbodenmuskulatur an- und entspannen. Dadurch wirst du den Unterschied zwischen einem entspannten und einem angespannten Beckenboden erfahren. Je entspannter er ist, desto besser wird dein Spüren, wodurch sich auch deine Orgasmen intensivieren können.

Es ist das Sakralchakra, das bei uns Frauen am häufigsten blockiert ist. Die Lebensenergie aus unserem Schoß stößt dort an und kann nicht weiter aufsteigen. Bei einem Orgasmus, der die Entladung einer hohen Energie darstellt, zeigen sich die Blockaden dadurch, dass er auf den Schoßraum begrenzt bleibt. **Sobald die Blockaden gelöst werden und die Energie in die höheren Chakras fließen kann, sind wir in der Lage, Orgasmen im ganzen Körper und darüber hinaus zu erfahren.**

DAS HEILIGE ELEMENT WASSER

Während ich diese Zeilen schreibe, sitze ich am Gardasee und lasse meinen Blick über ihn schweifen. Der Himmel hat seine Schleusen geöffnet, Regen strömt herab – passend zu den Gedanken, die ich jetzt mit dir teilen möchte.

Wasser ist das Element des Sakralchakras und uns Frauen heilig. Es nährt, reinigt, schenkt Fruchtbarkeit und Lebendigkeit. Es symbolisiert die Gefühle, die durch uns strömen, genauso wie den Fluss des Lebens, dem wir uns vertrauensvoll hingeben dürfen.
Wasser bewegt etwas in uns. Wenn wir an einem See, Fluss oder am Meer sind, können wir das deutlich spüren. Wir Frauen gehen mit ihm in Resonanz und schwingen innerlich mit. Durch das Wasser kann in uns vieles wieder in Fluss kommen. Gefühle werden verarbeitet, negative Energien verlassen unser System.

Wir können die reinigende Kraft des Wassers nutzen, indem wir darin baden und schwimmen. Besonders Meerwasser bringt unsere ursprüngliche Energie wieder zum Vorschein, denn das Salz darin hat die Eigenschaft, negative Informationen aus dem Energiefeld zu lösen. Es hilft uns beim Entgiften und Entschlacken. Zu Hause kannst du ein Salzbad nehmen oder dir ein salziges Fußbad gönnen.

Hochwertiges Trinkwasser ist wesentlich für unsere Gesundheit. Ich bevorzuge hexagonales bzw. verwirbeltes Wasser. Es fließt vom Wasserhahn in ein Filtersystem zur Reinigung und wird danach in einer Wirbelkammer in seine Ursprungsform zurückgebracht und mit der Energie von Kristallen angereichert. Wie das Wasser in unseren Zellen hat es eine natürliche sechseckige Struktur. Somit steht es den Zellen sofort zur Verfügung und muss im Körper nicht erst umstrukturiert werden. Zudem enthält es mehr Sauerstoff, wodurch der Stoffwechsel und die inneren Reinigungsprozesse besser funktionieren.

Wie eng wir Frauen mit dem Element Wasser verbunden sind, sieht man auch an den folgenden Körperflüssigkeiten der Frau, ihren drei heiligen Wassern:

- Lubrikation – die Befeuchtung der Vagina und Vulva
- Kala – eine weißliche Flüssigkeit, die von der Zervix abgesondert wird
- Amrita – das weibliche Ejakulat

Amrita wird in der weiblichen Prostata, der Paraurethraldrüse, produziert. Bis in das 18. Jahrhundert wurde diese Information auch in wissenschaftlichen Büchern weitergegeben. Weil jedoch das weibliche Ejakulat für die Fortpflanzung nicht notwendig ist, hielt man es für überflüssig, und es verschwand aus der Literatur. Als »Amrita« wird auch der Nektar bezeichnet, der über den Geschmack erfahrbar wird, sobald die sexuelle Energie unser Stirnchakra erreicht.

Wir Frauen brauchen Zugang zu diesem Wissen. Vieles wird dadurch erklärbar, und Tabus werden aufgebrochen. Wir lernen unseren Körper und seine Funktionsweisen, unsere Erregung und unser Lustempfinden neu kennen. Besonders die weibliche Ejakulation ist mit Scham behaftet, weil immer noch oft geglaubt wird, es sei Urin, der austritt, obwohl diese Flüssigkeit einen vollkommen anderen Geschmack und eine andere Farbe hat.
Im Buch »Spritzen« beschreibt Stephanie Haerdle die Geschichte der weiblichen Ejakulation. Ein dickes Handtuch oder eine wasserfeste Unterlage, die Stimulation des G-Punktes (raue Fläche zwischen ein bis fünf Zentimetern hinter dem Vaginaeingang an der Bauchseite) wie auch die Bereitschaft, vollkommen loszulassen, fördern das sogenannte Squirting.

DER WEIBLICHE RHYTHMUS

Als Frauen sind wir auf das Engste mit der Energie von Mutter Erde verbunden und verwebt. Unsere weibliche Kraft zeigt sich durch das Leben im Rhythmus der Natur und der Kraft des Mondes. Wie das Wasser ist auch der Erdtrabant der weiblichen Energie zugeordnet. Die Mondphasen wirken sich auf unseren Körper aus, der zu zwei Dritteln aus Wasser besteht. Sie spiegeln sich nicht nur in unserem Menstruationszyklus wider, sondern beeinflussen unser gesamtes alltägliches Leben.

Der ursprüngliche weibliche Zyklus ist geprägt von drei Phasen: Empfangen, Halten und Loslassen. Aufgrund der Modernisierung, Technisierung und männlich dominierten Gesellschaft ist unser natürlicher Bezug zur Erde, zu unserem ureigenen Rhythmus und zur weiblichen Energie jedoch verloren gegangen.
Wir Frauen sind heutzutage sehr stark in der männlichen Energie verhaftet und haben kaum noch Zugang zu den weiblichen Prinzipien. Für das Empfangen und Sein bleibt selten Zeit, weil wir vor allem die gebende Rolle einnehmen. Wir hetzen mit vollem Terminkalender durch den Tag und sind am Abend völlig ausgelaugt und erschöpft. Frauen sind nicht dafür gemacht, der linearen Energie zu folgen, konstant leistungsfähig und funktionstüchtig zu sein.

Auch der weibliche Monatszyklus findet im Alltag kaum Entsprechung. Je nach Zyklusphase haben wir ein anderes Energieniveau, andere Bedürfnisse und Themen, die uns beschäftigen. Unser Körper wie auch unsere Psyche zeigen uns genau auf, was an der Reihe ist, nur haben wir verlernt, darauf zu hören.
Die Orientierung an den vier Jahreszeiten gibt uns Aufschluss über unseren weiblichen Zyklus: Während der Menstruation, der Zeit des Winters, brauchen wir Rückzug, Stille und dürfen uns Zuwendung schenken. In der Woche vor dem Eisprung sind wir im Frühling, dann blühen

wir auf, sind voller Ideen und gehen gern ins Außen. Die Zeit um den Eisprung symbolisiert den Sommer. Wir sind aktiv, lustvoll, offen und feiern das Leben. Im Herbst, der Woche vor der Menstruation, können wir gut loslassen, Themen klären und Entscheidungen treffen. Wir wissen genau, was uns guttut und was nicht.

Über das Sakralchakra kommen wir wieder in Verbindung mit dem natürlichen Rhythmus und der empfangenden weiblichen Kraft. Diese gilt es wiederzubeleben, damit wir in eine gesunde Balance von weiblicher und männlicher Energie kommen. Beide umfassen archetypische Qualitäten, die in unterschiedlichen Situationen zum Tragen kommen. Ob Frau oder Mann, sie sollten in jedem von uns ausgewogen sein. Weibliche und männliche Energie bilden ein Ganzes, was das Yin-Yang-Symbol verdeutlicht.

WEIBLICHE QUALITÄTEN	MÄNNLICHE QUALITÄTEN
Yin	Yang
passiv	aktiv
nach innen gerichtet	nach außen gerichtet
Sein	Tun
empfangend, nehmend	gebend
Intuition	Verstand
Gefühle	Logik
Vertrauen	Kontrolle
Hingabe	Entscheidung
Entspannung	Fokus
Offenheit	Grenzen setzen
flexibel, fließend	zielorientiert
Nachgiebigkeit	Durchsetzungsvermögen
Inspiration	Erschaffen

Wenn die weiblichen und männlichen Qualitäten im Gleichgewicht sind, können wir in unserem Leben mit jener präsent sein, die die jeweilige Situation erfordert. Wenn es zum Beispiel darum geht, ein Projekt zu verwirklichen, brauchen wir weibliche und männliche Qualitäten. Unsere Intuition schenkt uns Ideen. Wir brauchen ein klares Ziel vor Augen, entschlossenes Handeln wie auch die nötige Flexibilität, um Herausforderungen entspannt zu meistern. Um ein Kind zu zeugen, sind ebenfalls die männliche und die weibliche Energie erforderlich, der Samen und das Ei. Das sind die Grundprinzipien der Schöpfung.

ÜBUNG

Weibliche und männliche Energie harmonisieren

Mit dem Symbol der liegenden Acht kannst du deine weibliche und männliche Energie ins Fließen bringen, ausgleichen und harmonisieren. Lege dazu beide Hände mit den Handflächen nach oben auf deine Oberschenkel. Die linke Hand steht für deine weibliche Energie, die rechte Hand für deine männliche.

Stelle dir eine liegende Acht vor, die beide Hände miteinander verbindet. Bitte das göttliche Licht, in der Acht zu kreisen, und formuliere die Absicht, deine weibliche und männliche Energie zu harmonisieren. Lasse das göttliche Licht strömen, und spüre dem Energiefluss nach.

Beobachte die Energie: Wo fließt sie leichter? Wo gerät sie ins Stocken? Ist eine Hand leichter, eine schwerer? Du musst nichts tun, nimm einfach nur wahr.

Atme ruhig und langsam ein und aus. Wenn du den Eindruck hast, deine Energien fließen harmonischer, führe die Handflächen langsam wie zum Gebet zusammen, und vereine so die Energien. Sprich laut: »Ich bin eins. Ich bin eins. Ich bin eins.«

Spüre noch etwas nach.

DIE GEBÄRMUTTER – RAUM DER SCHÖPFUNG

Die Gebärmutter ist ein heiliger, schöpferischer Kraftort. In ihr entsteht neues Leben. Bei den indigenen Völkern gilt sie als heiligstes Organ der Frau. Sie wird auch als magischer Raum der Stille, des Wissens und der Heilung beschrieben.
Wir Frauen sind über unsere Gebärmutter mit der Quelle des Lebens, unserer urweiblichen Kraft und inneren Weisheit verbunden, doch meist sind wir uns dessen gar nicht bewusst. Am ehesten spüren wir es noch, wenn wir schwanger sind. Werden wir dieser Verbindung wieder gewahr, durchflutet uns neue Energie.

Unsere Gebärmutter verfügt über eine transformierende Kraft. Sie nimmt Energien in sich auf, wandelt sie und gibt sie wieder ab. Die aufgenommenen Energien können aus unserem Umfeld, von unserem Partner oder aus unserer Ursprungsfamilie sein, auf die wir somit energetisch ausgleichend und reinigend wirken. Wir säubern die Energien, indem wir Gefühle und Themen im Raum wahrnehmen und verarbeiten. Wichtig in diesem Zusammenhang ist, dass wir die Energien auch wieder loslassen, was durch die monatliche Blutung bereits regelmäßig geschieht. Jedoch reicht das nicht immer aus, und sobald wir in die Wechseljahre kommen, ist es noch entscheidender, auf unsere energetische Balance zu achten.

Die heilige Lebenskraft unserer Yoni zeigt sich auch bei einer Geburt. Durch die Urkraft, die in diesem Moment durch uns wirkt, ist es uns erst möglich, ein Kind zur Welt zu bringen. Es ist ein archaischer, kraftvoller, intensiver und vor allem heiliger Akt. Jenseits von Denken und Planen, von Ratio und Kontrolle. Es geht um das Vertrauen in das Leben, um Hingabe und Loslassen. Wir Frauen tragen dieses Wissen in uns. Wenn wir mit unserer Yoni verbunden sind, spüren wir intuitiv, wie wir ein Kind gebären können.

Die Möglichkeit, natürlich zu gebären, auf den eigenen Körper zu hören und selbst zu bestimmen, ist heute jedoch leider kaum gegeben. Die Kaiserschnittrate bei Krankenhausentbindungen in Deutschland lag im Jahr 2021 bei rund 30 Prozent. Mir ist wichtig, klarzustellen, dass dieser Eingriff Leben retten kann und dafür auch eingesetzt werden soll. Jedoch werden dabei im Vergleich zu einer natürlichen Geburt keine Hormone bei Mutter und Kind freigesetzt, die die Annahme und Bindung fördern.
Ich hatte das Glück, dass meine Zwillinge auf natürlichem Weg auf die Welt kamen. Dennoch musste ich mich nach der Hebamme richten, als es zum Beispiel um die Geburtsposition ging.

Eine Geburt kann eine traumatische Erfahrung sein, die in unserer Gebärmutter gespeichert wird. Aber auch die Energien von Fehlgeburten, Abtreibungen, unerfülltem Kinderwunsch, sexuellen Übergriffen und Missbrauch sind in ihr vorhanden. Hier wie auch bei der Trennung vom Partner, beim Loslassen der Kinder und bei persönlichen Veränderungen kann eine Schoßraumreinigung sehr hilfreich sein.
Wenn wir unsere Yoni regelmäßig entlasten, fördert dies auch unsere physische Gesundheit. Körperliche Beschwerden haben fast immer einen emotionalen Anteil. So können sich Drucksituationen in unserem Leben in einem schmerzhaften Menstruationszyklus, verstärktem Ausfluss, Inkontinenz oder der Entstehung von Zysten in der Gebärmutter widerspiegeln. Juckreiz in den Schleimhäuten der Vagina sind möglicherweise ein Hinweis darauf, dass sich der Körper von etwas befreien möchte. Es lohnt sich also auf jeden Fall, körperliche Themen ganzheitlich zu betrachten.

Die Gebärmutter wie auch die Yoni können durch Frauenheilkräuter gestärkt und gereinigt werden. Neben der Anwendung als Tee oder Räucherwerk sind sie beim Yoni-Steaming, einem Intimdampfbad, besonders wirksam.

ÜBUNG

Yoni-Steaming

Nimm einen Topf, und fülle ihn mit heißem Wasser. Gib eine Handvoll getrocknete oder frische Frauenheilkräuter, zum Beispiel Schafgarbe, Frauenmantel, Beifuß und Salbei, hinein, und lasse sie gute zehn Minuten ziehen. Stelle den Topf dann in das WC-Becken, oder gib das Wasser in ein Bidet.

Setze dich mit entblößtem Unterkörper auf das WC bzw. Bidet, und wickle ein Handtuch um die Hüften und Oberschenkel, damit der Dampf nicht entweichen kann. Wenn er noch zu heiß ist, warte so lange, bis du ihn als angenehm empfindest.

Bleibe ungefähr 20 Minuten sitzen. Der Dampf fördert die Durchblutung des Beckenbodens und wirkt beruhigend, entkrampfend, reinigend und nährend. Während er seine Wirkung entfaltet, kannst du einfach die Stille genießen, dich auf deinen Atem fokussieren oder auch Musik hören. Vielleicht steigen Bilder oder Gefühle in dir auf. Gib dem, was kommt, Raum, und lasse es fließen.

Sobald das Wasser abkühlt ist, stehe auf, und trockne dich ab. Dann lege dich bequem hin, und decke dich zu. Ruhe dich aus, und spüre nach.

Ein schamanisches Ritual, das ich sehr schätze, ist die Reinigung der Yoni mithilfe eines Hühnereis. Dieses kann negative Schwingungen aufnehmen und die Energien ausgleichen. Sonia Emilia Rainbow beschreibt in ihrem Buch »Frauenheilkraft« den uralten Brauch des Tragens eines Eies bei indigenen Völkern. Auch mithilfe von Meditationen, Ritualen und Klängen kannst du deine Yoni von Energien und Belastungen befreien. Selbst dann, wenn du keine Gebärmutter mehr haben solltest, kannst du sie spüren, würdigen und reinigen, denn ihr energetischer Abdruck befindet sich für immer in deinem Körper.

ÜBUNG

Deine Gebärmutter würdigen

Lege dich bequem hin, und mache den Unterbauch frei. Reibe die Hände aneinander, bis sie angenehm warm sind, und lege sie auf deinen unteren Bauch. Die Fingerspitzen zeigen zusammen und begegnen sich auf dem Venushügel. Die Handballen liegen auf der Höhe des jeweiligen Eierstocks. Die Daumenkuppen berühren sich. Der Zwischenraum deiner Hände bildet ein Dreieck, unter dem deine Gebärmutter liegt. Atme langsam ein und aus, und lasse aus deinem Herzen Liebe durch deine Arme in deine Hände und von dort aus in deinen Schoß fließen. Mit jedem Atemzug strömt mehr Liebe zu deiner Yoni. Nimm nun bewusst Verbindung mit deiner Gebärmutter auf (unabhängig davon, ob sie physisch vorhanden ist oder nicht).

Stelle dir vor, du würdest sie mit den Händen berühren, umfassen und liebevoll halten. Sende ihr deine Liebe, deine Dankbarkeit, segne sie. Danke ihr für die Kraft und Lebensenergie, die sie dir schenkt.

Wenn du es noch nicht getan hast, dann schließe jetzt die Augen, und lasse dich in deine Gebärmutter tragen. Dunkelheit umhüllt dich, doch du fühlst dich in ihr geborgen, denn du kennst sie. Sie ist das große Nichts, das Gewebe, die Matrix, aus dem alles Sein hervorgeht. Sie ist die dunkle Erde, aus der das Leben erwacht und die dich mit deiner inneren Kraft und Weisheit verbindet.

In dieser Dunkelheit beginnen nun, Sterne zu leuchten, sie erwachen einer nach dem anderen. Die Funken des Lebens zeigen sich in der Schwärze der Nacht. Das große Mysterium des Lebens offenbart sich dir als Frau. Du hast es in dir, in deinem Schoß, in deiner Yoni. Du bist das Leben.

Wenn du so weit bist, komme mit dem nächsten Atemzug wieder zurück ins Hier und Jetzt, und öffne die Augen. Nimm diese mystische Erfahrung mit hinein in dein Leben.

In der Gebärmutter kann nicht nur neues Leben heranwachsen, auch kreative Impulse und Lösungen werden dort geboren. Sie reifen in unserem Schoß heran, bis sie bereit sind, das Licht der Welt zu erblicken.
Wir können unserer Gebärmutter Fragen zu unserem Leben stellen. Die Antworten steigen aus ihrer Tiefe nach oben in unser Bewusstsein.

ÜBUNG

Deine Gebärmutter befragen

Lege die Hände auf den Bereich deiner Gebärmutter, und atme ein paarmal tief ein und aus. Dann formuliere aus dem Herzen heraus die Frage, auf die du eine Antwort suchst. Spüre die Energie der Frage, und fühle, was sie in dir auslöst.
Nun hülle die Frage in deiner Vorstellung in eine Lichtsphäre, und lasse sie aus dem Herzen nach unten in deine Gebärmutter sinken. Dort dürfen sich das Licht und die Frage entfalten. Bitte deine Gebärmutter, dir eine klare Antwort zu schenken, sie aus ihrer Tiefe in dein lichtes Bewusstsein emporsteigen zu lassen.
Sobald die Zeit reif ist, wirst du die Antwort empfangen. Das kann auf vielfältige Weise geschehen: in einem Traum, durch eine Eingebung oder durch Zeichen, die dir das Leben schenkt.

SEXUALITÄT ALS SPIEGELBILD UNSERES LEBENS

Die Themen, die sich in unserer Sexualität zeigen, spiegeln sich auch in unserem restlichen Leben wider. Sie ermöglichen uns, den Blick auf unser Licht und unsere Schatten zu richten. Schatten sind jene Bereiche, die im Dunklen liegen, verborgene und unbewusste Themen, die unsere Energie blockieren.

Wenn wir unsere Schattenthemen erkennen, können wir unsere Energie wieder zum Fließen bringen. Die innere Dunkelheit wird transformiert, wandelt sich in Licht. Wir lassen Begrenzungen wie Scham, Schuld und Tabus hinter uns und können frei und selbstbestimmt leben.
Nirgendwo sonst sind die eigenen Schatten so klar ersichtlich wie in der Sexualität. Wenn wir sie in diesem Bereich ans Licht holen, klären sich auch im restlichen Leben viele Themen.

ÜBUNG

Die Schatten erkennen

Du kannst dir folgende Fragen sowohl in Bezug auf deine Sexualität als auch auf deine Partnerschaft, deinen Körper, deine Arbeit usw. stellen. Sie helfen dir, zu erkennen, wo noch Schattenthemen in dir vorhanden sind.

- Kann ich mich entspannen und hingeben?
- Kann ich genießen?
- Was brauche ich, um mich zu öffnen?
- Wann verschließe ich mich?
- Wie gehe ich mit Nähe und Distanz um?
- Was erlaube ich mir, was verbiete ich mir?

- Empfinde ich Freude und spielerische Neugierde?
- Erlaube ich mir Fülle?
- Wo erfahre ich Mangel?
- Kann ich loslassen?
- Darf ich begehren und etwas haben wollen?
- Was macht mich lebendig?

Schatten und Licht finden wir auch bei Eva und Lilith. Eva ist den meisten von uns aus der Bibel bekannt. Sie war die Frau, die aus der Rippe Adams geschaffen wurde und der Verführung nicht widerstehen konnte, woraufhin beide aus dem Paradies vertrieben wurden. Laut jüdischen Legenden gab es jedoch vor Eva bereits eine Frau an Adams Seite: Lilith, die Tochter der großen Göttin, der heiligen Erdmutter. Lilith war nicht bereit, sich Adam zu unterwerfen, und verließ das Paradies. Auf Adams Klagen hin schenkte Gott ihm Eva, die bereit war, sich Adam unterzuordnen.
Im Laufe der Zeit wurde Lilith von der patriarchalisch ausgerichteten Glaubensgemeinschaft in einem zunehmend finsteren, dämonischen Licht dargestellt, schließlich mit der Schlange gleichgesetzt und weitgehend aus der biblischen Schöpfungsgeschichte getilgt. In der Lutherbibel kommt sie namentlich nur noch ein einziges Mal als Nachtgespenst vor (Jesaja 34,14). Lange verkörperte Lilith die dunkle, schattenhafte Seite der Frau.

Eva und Lilith stehen für zwei unterschiedliche Archetypen: die liebevolle, mütterliche, familiäre, angepasste Frau und die freiheitsliebende, selbstbewusste, wilde Frau. Die Qualitäten beider wirken in uns. Es sind zwei Seiten, die gemeinsam eine Einheit bilden und sich nicht voneinander trennen lassen.
Häufig jedoch haben wir nur Zugang zu einer Seite. Unabhängig davon, welche das ist, ergibt sich immer eine innere Trennung. Wir fühlen uns nie ganz und vollkommen. Wenn wir nur Eva verkörpern, kann dies zu

Frust, Unzufriedenheit, Nörgelei, Verbitterung und Depression führen. Wir geben uns selbst auf, um für andere da zu sein, haben Angst vor unserer eigenen Kraft, begeben uns in Abhängigkeit und nehmen nicht nur für unsere Kinder die Mutterrolle ein, sondern auch für unseren Partner. Leben wir hingegen nur die Seite Liliths, kann dies zu innerer Unruhe, Rastlosigkeit und einem Gefühl des Getriebenseins führen. Wir sind hart zu uns selbst, kämpfen gegen die Männer und finden uns häufig als Dritte im Bund, also als Geliebte, wieder.

Wenn wir die Qualitäten von Eva und Lilith nicht gleichermaßen bewusst leben, werden jene, die wir unterdrücken, zu unseren Schatten, die unsere Energie und unsere weitere Entwicklung blockieren. Verurteilen wir andere Frauen aufgrund ihrer Lebensweise, steckt meist ein eigenes Schattenthema wie »Sünde«, »Schuld«, »Untreue«, »Scham«, »Opfersein«, »Unterordnung«, »Fremdbestimmung« oder »Selbstentfremdung« dahinter.
Es ist für uns von zentraler Bedeutung, all unsere Schattenanteile anzunehmen, sie zu integrieren und zu leben, denn dann werden sie zu Lichtseiten transformiert: »Selbstwert«, »Freiheit«, »Lust«, »Leidenschaft«, »Selbstbestimmung«, »mütterliche Liebe«, »Fürsorglichkeit« und »Gleichwertigkeit«.

Einige Fragen für dich zum Reflektieren:

- Sind die archetypischen Qualitäten von Eva und Lilith in dir wahrnehmbar?
- Welcher Archetyp ist dir vertrauter?
- Was würde geschehen, wenn du dem anderen Archetyp deine Aufmerksamkeit schenken würdest?
- Wie könntest du seine Qualitäten mehr leben?

ÜBUNG

Verwandle Schatten in Licht

Lege ein Blatt Papier und einen Stift bereit. Mache es dir bequem, und formuliere die Absicht, einem Schattenaspekt zu begegnen, der dich daran hindert, eine erfüllte Sexualität zu leben. (Das kannst du auch in Bezug auf jeden anderen Lebensbereich tun.) Atme tief durch, schließe die Augen, und vertraue darauf, dass sich der Schattenaspekt zeigen wird.

Jetzt taucht eine Gestalt vor deinem inneren Auge auf. Wie sieht sie aus? Was verkörpert sie? Welche Qualität hat sie?

Stelle ihr folgende Fragen:

- Woran hinderst du mich zurzeit?
- Wozu bist du in meinem Leben?
- Was brauchst du?
- Was ist dein Geschenk an mich?

Es kann sein, dass du nicht auf jede Frage eine Antwort erhältst, vielleicht bekommst du auch gar keine. Das macht jedoch nichts. Was auch immer passiert, verbinde dich nun mit diesem Aspekt, indem du dir einen grünen Lichtstrahl vorstellst, der aus deinem Herzen zu dieser Gestalt fließt. Schicke ihr deine Liebe, dein Mitgefühl und deine Anerkennung.

Vielleicht erkennst du, dass sie sich verändert. Wenn du möchtest, kannst du die Gestalt auch umarmen und ihr sagen: »Du bist ein Teil von mir, ich nehme dich in Liebe an.« Beobachte, was geschieht.

Wenn du das Gefühl hast, dass es für heute gut ist, verabschiede dich, und öffne die Augen. Mache dir Notizen.

SOLARPLEXUS-CHAKRA – DEINE WEIBLICHE KRAFT

In diesem Kapitel wenden wir uns deiner weiblichen Kraft zu, und du wirst dir ihrer bewusst. Du nimmst Verbindung zu deinem inneren Feuer auf und aktivierst dein Potenzial. Du bist eingeladen, deine Kraft und Macht anzunehmen und dein einzigartiges Licht erstrahlen zu lassen.

Heute Morgen, ich bin noch am Gardasee, hat mich nach den letzten Regentagen ein wunderschöner Sonnenaufgang begrüßt. Als wollte die Sonne mir sagen: »Jetzt kannst du zum nächsten Kapitel übergehen und dich der Sonne im Leben widmen.« Die Sonne lädt uns ein, zu strahlen, unser Licht zu zeigen und sichtbar zu werden.

Die sinnliche, lustvolle Energie der Yoni ist der Ursprung unserer Kraft und unseres inneren Feuers. Wenn die schöpferische Lebensenergie aus unserem Schoßraum unser Solarplexuschakra erreicht, will sie gesehen, gelebt und gewürdigt werden.
Dieses Energiezentrum steht für Selbstermächtigung, Willenskraft, Klarheit und kraftvolle Entscheidungen. Es hilft uns, die kreativen Impulse

aus dem Sakralchakra in die Welt zu bringen und all das umzusetzen, wofür unser Herz schlägt. Es schenkt uns eine große Portion Tatkraft. Der Sitz dieses Chakras befindet sich unterhalb des Rippenbogens, oberhalb des Nabels. Sein Element ist das Feuer. Es besitzt die Fähigkeit der Transformation und birgt pure Strahlkraft in sich. Unser Feuer, unsere innere Sonne, bringt all unsere Fähigkeiten, Potenziale und Gaben zum Leuchten. All das, was wir im Außen zeigen und mit der Welt teilen sollten.

Wir Frauen haben oft Angst vor der Macht, die uns innewohnt. Es ist also unser Licht, das uns erschreckt, nicht unsere Dunkelheit. Im Sakralchakra war die freigesetzte Urkraft noch annehmbar, da sie »nur« das Innere betraf. Mit dem Solarplexuschakra gehen wir ins Außen. Eine Schwelle, die herausfordernd sein kann, denn das Solarplexuschakra lädt uns ein, uns zu zeigen, für etwas einzustehen und ins Handeln zu kommen.
Häufig ziehen sich Frauen an diesem Punkt wieder in ihr Schneckenhaus zurück. »Was sagen die anderen?«, »Ich bin noch nicht so weit«, »Was ist, wenn es schiefgeht?«, »Andere können das viel besser als ich« – kennst auch du diese Gedanken? Sie tauchen meist dann auf, wenn ein wichtiger Schritt im Leben ansteht. Das kann zum Beispiel eine Entscheidung im Beruf oder in der Partnerschaft sein, wenn es darum geht, etwas Neues zu beginnen und etwas Altes loszulassen.

DEINE MACHT ANERKENNEN

Uns dem Solarplexuschakra zuzuwenden, ist entscheidend für die Befreiung unserer Lebensenergie, da es neben dem Sakralchakra meist jenes ist, das noch viele blockierte Energien in sich trägt. In unserem Bauchraum herrscht oft große Anspannung, genauso sind energetische Lecks vorhanden.

Für uns Frauen repräsentiert dieses Chakra genau jene Themen, vor denen wir gern zurückweichen. Es fordert uns heraus, über unsere Komfortzone hinauszugehen.
Lange wurde uns weisgemacht, dass wir keine Macht besäßen, dass wir es allein nicht schaffen würden. Heute sagen wir es uns oft noch selbst. Damit sollten wir endlich aufhören. Wir dürfen beginnen, die uns innewohnende Kraft zu ehren und für unser Leben zu nutzen. Manchmal fehlt es uns dazu aber an Mut, Entschlossenheit und Selbstwertgefühl. Das sind genau jene Eigenschaften, die uns dieses Energiezentrum schenkt, wenn wir uns auf unser inneres Feuer besinnen.

Wir Frauen werden nicht vom Außen, sondern von unserem Inneren ermächtigt. In dem Moment, in dem wir die Macht annehmen, strömt sie auch schon. Dieses Ja zur eigenen Willenskraft und Handlungsfähigkeit können wir jederzeit aussprechen. Dabei spielt es keine Rolle, ob wir berufstätig sind oder nicht, zu Hause die Kinder hüten oder keine haben, Single sind oder in einer Partnerschaft leben, genauso wenig, wie alt wir sind. Die Umstände sich vollkommen gleich, denn die weibliche Kraft kann in jeder Lebenssituation, jedem Lebensalter und in jedem Lebensbereich wirken. Wenn wir mit ihr verbunden sind, handeln wir aus unserer Mitte heraus. Wir sind uns bewusst, dass wir durch unsere Präsenz und unser Tun wirksam sind. Es geht darum, die eigene Selbstwirksamkeit anzuerkennen, zu ehren und vor allem anzunehmen. Entscheidend ist, dass wir uns selbst den Raum dafür geben und ihn halten.

Wir neigen jedoch dazu, das, was wir erreicht haben, zu schmälern und abzutun mit Aussagen wie: »Da war ja nichts dabei, das können andere auch«, »Das war nur Zufall« usw. Damit halten wir unser Licht klein.
Durch das Aktivieren der Urkraft aus unserer Yoni wird das Licht in uns stärker und deutlicher spürbar. Unser inneres Feuer wird sichtbar in unserer Ausstrahlung, unsere innere Essenz leuchtet nach außen. Wir treten selbstbewusst auf, verfügen über ein natürliches Körperbewusstsein und haben ein klares Selbstverständnis.
Durch die Anbindung an die Kraft aus unserem Schoßraum verändert sich unser Schwingungsfeld. Unser innerer Glanz spiegelt sich im Außen durch Fülle und Erfolg, wir ziehen Menschen in unser Leben, die zu uns passen. **Wir erschaffen ein kraftspendendes und nährendes Energiefeld für uns selbst, unsere Familie und unser gesamtes Umfeld.**

DEIN SCHÖPFERISCHES GEDANKENGUT

Das Solarplexuschakra ist der Speicher für unsere Glaubenssätze, mentalen Konditionierungen und Überzeugungen. Dort finden wir all das, was wir über uns selbst denken, was andere uns beigebracht haben, über uns zu denken, sowie allgemein vorherrschende Überzeugungen zum Thema »Frausein und Weiblichkeit«. Es ist der Sitz unseres Selbstwertes und Selbstvertrauens, unserer Selbstsicherheit und Selbstbestimmung, aber ebenso auch unserer Selbstzweifel, Selbstkritik und Selbstaufopferung.

Die tief sitzenden, oft unbewussten negativen Überzeugungen über uns sind es auch, die uns davon abhalten, uns selbst zu verwirklichen: »Ich kann nicht«, »Ich bin es nicht wert«, »Ich habe es nicht verdient«, »Andere können es besser als ich.« Jede Form des Sich-selbst-Abwertens dimmt unser Licht und raubt uns die Kraft.

Jeder von uns hat schon einmal Kritik von außen erfahren, am häufigsten aber bringen wir sie uns selbst entgegen. Häufig fußt sie auf Aussagen, die wir als Kinder von unseren Eltern oder anderen Bezugspersonen gehört und übernommen haben, oder auf unerreichbaren Schönheitsidealen, die uns von den Medien aufgedrängt wurden.

In der Zeit, als ich dieses Kapitel schrieb, hatte ich einen Traum. Ich saß einer wunderschönen Frau gegenüber. So viel Anmut und Glanz hatte ich noch nie gesehen. Ich fragte sie, was ich für sie tun könne, und sie sagte, dass sie sich so fürchterlich hässlich fühle. Dann stand die Frau auf und ging. Schockiert über ihre Antwort bekam ich einen Hustenanfall und wachte auf.
Ich erkannte: Ich hatte mich selbst in meiner reinsten Essenz gesehen. Wir Frauen sind pure Schönheit, wenn wir mit unserer urweiblichen Kraft verbunden sind. Das müssen wir erkennen. Wir dürfen nicht mehr zulassen, dass uns jemand einredet, etwas würde mit uns nicht stimmen. Kein Mensch hat das Recht, uns zu verurteilen, uns schlecht- oder sich über uns lustig zu machen. Wir haben es verdient, mit Respekt behandelt zu werden.

Wenn du bemerkst, dass du schlecht über dich denkst, frage dich, woher die selbstkritischen Gedanken kommen und ob sie wirklich wahr sind. Das, was wir über uns selbst denken, spiegelt sich in unserem äußeren Leben wider. Es begegnet uns in der Realität, was wiederum unser Denkmuster festigt. Bist du zum Beispiel der Überzeugung »Niemand mag mich und will mit mir Zeit verbringen«, dann wird sie dir vielleicht dadurch bestätigt, dass du von einer Freundin eine Absage für einen gemeinsamen Kinobesuch bekommst. Weil du diese Erfahrung in Zukunft vermeiden willst, fragst du sie erst gar nicht mehr, ob ihr etwas unternehmen wollt.
Wenn mir ein abwertender Gedanke bewusst wird, sage ich: »Aha! Ich denke also, dass ich das nicht kann«, »…, dass ich zu faul bin« usw. Das Aha bewirkt ein neutrales Beobachten und hilft mir, aus der Gedankenspirale auszusteigen.

Ein Bewusstsein über die eigene Denkweise zu bekommen, ist wichtig, denn erst dann können wir unsere Einstellung verändern. Je liebevoller unsere Gedanken über uns selbst sind, desto wertschätzender gehen wir mit uns um.

ÜBUNG

Was denkst du über …?

Nimm ein Blatt Papier und einen Stift. Schreibe folgende Satzanfänge jeweils dreimal hintereinander auf, und vollende sie:

- Mein Körper ist für mich …
- Frausein bedeutet für mich …
- Sexualität ist für mich …
- Weiblichkeit ist für mich …

Du kannst auch gern zu den aufgeführten Themen noch weitere ergänzen wie »Ich bin«, »Mutter sein«, »Partnerin sein«, »Mein Leben«, »Meine Arbeit« usw.

Die Übung kann sehr aufschlussreich sein, weil du dir deiner Überzeugungen bewusst wirst. Du kannst sie auch mündlich machen, das heißt, den Satz einfach laut zu Ende sprechen.

ÜBUNG

Löse begrenzende Glaubenssätze

Wenn du dich von limitierenden Gedanken befreien möchtest, kannst du sie energetisch auflösen. Mache dir deinen Glaubenssatz bewusst, und schreibe ihn auf, zum Beispiel: »Ich habe es nicht verdient, erfolgreich zu sein.«
Sprich dann laut: »Ich bin bereit, diesen Gedanken aus meinem System zu entlassen.« Atme ganz tief ein, langsam wieder aus, und stelle dir dabei vor, wie diese Energie deinen Körper verlässt. Schnippe direkt danach einmal mit den Fingern (Mittelfinger und Daumen), und sage: »So ist es! So ist es! So ist es!« Spüre nach.
Gern kannst du jetzt einen neuen Glaubenssatz formulieren, ihn aufschreiben und in dich integrieren, zum Beispiel: »Ich verdiene es, erfolgreich zu sein.« Sprich den Satz aus, nimm einen tiefen Atemzug, und stelle dir vor, wie seine Energie in dich hineinströmt. Schnippe wiederum mit den Fingern und sprich: »So ist es! So ist es! So ist es!«

Besonders der Vergleich mit anderen Frauen kostet uns wertvolle Energie. Empfinden wir Neid, häufig gepaart mit Selbstmitleid und Selbstkritik, entsteht ein negativer Gedankenstrudel, der unaufhaltsam kreist und uns nach unten zieht.
Auch ich kenne Missgunst. Wenn ich merke, dass ich auf jemanden neidisch bin, dann versuche ich, das Gefühl von der Person zu lösen, und frage mich: »Was tut oder hat er oder sie, was ich selbst gern tun oder haben würde?« Wenn mir das klar wird, dann stelle ich mir die Frage, ob ich es wirklich tun oder haben will. Denn manchmal ist das gar nicht der Fall, und dann ist das Thema vom Tisch. Wenn doch, dann frage ich mich, wie ich es auf meine eigene Art und Weise erreichen könnte.
Anstatt uns vom Neid innerlich zerfressen zu lassen, können wir ihn also als Anstoß nehmen, uns weiterzuentwickeln und etwas zum Positiven zu verändern. Einen schöneren Weg, zu wachsen, bietet jedoch die

Freude. Wenn wir uns über den Erfolg anderer Frauen aufrichtig freuen können, setzen wir die Energie in uns frei, es ihnen gleichzutun. **Es ist Zeit, dass wir das Konkurrenzdenken hinter uns lassen und einander unterstützen, unsere Einzigartigkeit und Essenz sichtbar werden zu lassen.** Anstatt missgünstig auf das zu blicken, was andere haben, und schlecht über sie zu denken oder zu reden und damit unser aller Energie nach unten zu drücken, dürfen wir lernen, einander respektvoll zu begegnen und den Fokus darauf zu legen, was uns Frauen verbindet: die weibliche Energie.

Etwas, was wir ebenfalls üben sollten, ist, Komplimente anzunehmen. Wie verhältst du dich, wenn dich jemand lobt? Kannst du dem anderen einfach dafür danken und dich darüber freuen? Oder reagierst du abwertend, verneinend, indem du zum Beispiel sagst: »Das war keine große Sache«? Wir dürfen das, was uns an Schönem geschenkt wird, dankend annehmen.

WENN DAS TUN AUS DEM SEIN ENTSPRINGT

In unserer männlich geprägten Gesellschaft gilt nach wie vor der Grundsatz: Um etwas wert zu sein, musst du zuerst etwas leisten. Das weibliche Tun hingegen entspringt dem Sein. Das bedeutet, das Sein an sich ist bereits wertvoll. Ich habe bemerkt, dass es für mich einen Unterschied macht, ob ich etwas tue, um etwas zu sein, oder aus meinem Sein heraus etwas mache, was mich erfreut. Letzteres ist fließender, leichter und erfüllender. Der Druck, etwas erreichen zu müssen, fällt weg.

Dieser weibliche Zugang kann zunächst ungewohnt sein. Das Handeln geschieht aus dem Moment heraus, aus der eigenen Präsenz und Verbundenheit mit sich selbst. Das Planen, das Zeitmanagement und das

Abarbeiten einer To-do-Liste werden zweitrangig. Sie entsprechen dem linearen, kopfgesteuerten, männlich geprägten Weg. Wir Frauen hingegen handeln zyklisch und intuitiv. Keine Selbstoptimierung, keine Effizienz- und Leistungssteigerung, kein »Den Tag nutzen müssen«, stattdessen ein Tun aus dem liebevollen Einklang mit sich selbst. Der Alltag wird fließender, wenn wir ihn nicht durchtakten, sondern ihn lockerer und gelassener angehen.

Natürlich gibt es in unserem Leben Dinge, die wir machen müssen. Wir können aber selbst entscheiden, wie und mit welcher inneren Haltung wir sie angehen. Was mir hilft, ist die Frage: »Was ist heute wichtig?« Diese Punkte schreibe ich auf, und sie werden im Laufe des Tages von mir erledigt. Ich versuche, keinen Druck auf mich auszuüben, lege also möglichst keinen genauen Zeitpunkt fest, bis zu dem sie abgehakt sein müssen, sondern widme mich ihnen dann, wenn sie dran sind.

FINDE DEINEN RHYTHMUS

Es tut einfach gut, manchmal aus der Alltagsroutine auszubrechen und sich Zeit für sich selbst zu nehmen. Ich gönne mir diese Ich-Zeit mindestens einmal jährlich. Sie lässt mich tief im Inneren aufatmen und bietet mir den Raum, mich meinen eigenen Bedürfnissen zu widmen und herausfinden, was mir guttut. Dieses Mal bin ich allein an den Gardasee gereist, um in Ruhe dieses Buch zu schreiben. Es ist ein Genuss, mich voll und ganz einer Aufgabe widmen zu können.

Wenn du die Gelegenheit hast, mehrere Tage nur mit dir zu verbringen, ergreife sie. Du wirst bemerken, dass sich dein eigener Rhythmus zeigt, sobald du allein und damit unabhängig von anderen bist. Du musst keinen Wecker stellen, sondern kannst aufstehen, wenn du von allein wach wirst. Anstatt zu festen Zeiten kannst du essen, wenn du Hunger verspürst. Du nimmst wahr, ob du dich bewegen willst oder nicht, gönnst dir eine Pause oder Schlaf, wenn du müde bist. Bevor du etwas tun möchtest, verbinde dich mit dir, deinem Körper, und frage dich: »Was ist jetzt für mich dran?« Du bekommst die Antwort aus deinem Inneren. Sich länger freizunehmen, ist nicht immer leicht, vor allem, wenn wir kleine Kinder oder andere Verpflichtungen haben. Wenn du es jedoch schaffst, dir nur einen Tag oder zumindest kurze Momente im Alltag zu schenken und sie spontan und intuitiv nach deinen Bedürfnissen zu gestalten, ist das schon hilfreich. Ja, wir sind es gewohnt, Pläne zu schmieden und uns an feste Strukturen zu halten. Sie geben uns Halt, und wir brauchen uns keine Gedanken darüber zu machen, ob wir etwas tun wollen oder nicht. Lassen wir die Kontrolle jedoch los, wenn auch nur kurz, geschieht etwas Magisches, und wir beginnen, mit der Zeit zu fließen. Wir lernen wieder, uns selbst zu vertrauen, unseren Impulsen, unserer weiblichen Kraft und dem Fluss des Lebens.

ÜBUNG

Das reine Sein erfahren

Schenke dir im Laufe eines Tages immer wieder Zeiten des reinen Seins. Sein ist das Gegenteil von Tun. Diese Phasen sollten mindestens fünf Minuten dauern.

Setze oder lege dich hin, und mache nichts. Kein Lesen, kein Musikhören, kein Smartphone. Du kannst die Augen schließen oder offen lassen. Nimm dich und deinen Körper wahr. Atme mehrmals tief durch die Nase ein und mit offenem Mund langsam aus, gern auch mit einem Stöhnen oder Seufzen. Gönne dir das kostbare Nichtstun, das reine Sein mit dir. Erlaube dir, dass deine Gedanken wie dein Atem durch dich hindurchfließen. Genieße es, einfach nur da zu sein, ohne Absicht, ohne Ziel. Das schafft einen wunderbaren Ausgleich zum aktiven Tun und Geben. Du bist in deinem Körper präsent, spürst dich, entspannst und schenkst dir wertvolle Selbstfürsorge. Am Ende des Tages wirst du bemerken, dass du ausgeglichener, erfüllter und ruhiger bist.

ENERGIE, DIE NÄHRT

Das Solarplexuschakra steht für unser inneres Feuer, unsere Transformationskraft. Wenn wir Nahrung zu uns nehmen, wird diese im Verdauungstrakt umgewandelt. Dieser Bereich gehört physisch zum Solarplexuschakra, und wir stärken es, indem wir gesundes, leicht verdauliches Essen zu uns nehmen und es lustvoll genießen.

Genauso ist es mit der seelischen Ebene. Für uns Frauen ist es sehr wichtig, dass wir uns täglich mit nährender Energie versorgen, weil wir sehr viel von unserer eigenen an unser Umfeld abgeben. Um anderen Menschen etwas geben zu können, muss mehr Energie zu uns kommen, als wir abgeben. Ansonsten landen wir im Defizit. Diesen Zustand kennen viele von uns: Wir fühlen uns ausgelaugt, erschöpft und kraftlos. So fürsorglich wir anderen gegenüber auch sind, so gern wir für sie sorgen und ihnen unsere Zeit, unsere Aufmerksamkeit und unsere Liebe schenken, sollten wir uns dennoch selbst nicht vergessen. Nur wenn wir uns wichtig nehmen, darauf achten, dass wir körperlich, emotional, geistig und seelisch gut genährt und in unserer Kraft sind, sind wir in der Lage, unsere Energie weiterzugeben.

Schenke dir etwas Zeit, über die folgenden Fragen nachzudenken. Wenn du möchtest, kannst du sie auch schriftlich beantworten.

- Welche Energiequellen hast du?
- Was nährt dich körperlich, geistig, emotional und seelisch?
- Was kannst du täglich für dich tun, um dich zu nähren und mit guter Energie zu versorgen?

Wir Frauen neigen dazu, uns selbst und unsere Ziele hintanzustellen. Das geschieht, wenn unsere Energie vor allem nach außen gerichtet ist: auf das Umfeld, die Arbeit, den Partner, die Kinder, das Haustier, die Freunde, die Eltern … Wir übernehmen zu viel Verantwortung für andere, verlieren uns aus den Augen und vergessen, dass wir zuallererst für uns selbst verantwortlich sind. Unsere eigenen Wünsche, Bedürfnisse und Visionen, all das, was darauf wartet, von uns realisiert und ins Leben gerufen zu werden, wird auf später verschoben. Wann genau? Wenn die Kinder aus dem Haus sind? Was, wenn dann die Eltern Unterstützung brauchen oder etwas anderes dazwischenkommt? Irgendwann blicken wir zurück und stellen fest, dass unsere Herzensprojekte auf der Strecke geblieben sind.

Ich erlebe Frauen, die sagen, dass sie keine Zeit für sich hätten, dass immer jemand etwas von ihnen wollen würde. Genauso begegne ich aber auch Müttern mit kleinen Kindern, die es dennoch schaffen, eine Ausbildung zu machen und ihren Hobbys nachzugehen. Was unterscheidet sie? Es sind nicht die Stunden, die ihnen täglich zur Verfügung stehen, denn davon haben wir alle gleich viel. Es ist die Bedeutung, die sie sich selbst und dem, was sie anstreben, einräumen. **Wenn wir uns selbst wichtig nehmen und etwas wirklich wollen, dann finden wir auch die Zeit und die Energie dafür.**

DER ENTSPANNTE BAUCH

Das Solarplexuschakra trägt häufig sehr viel Spannung in sich. Unsicherheiten, Ängste und alles, was wir anderen nicht zeigen möchten, bewirken, dass sich etwas in unserem Bauchraum zusammenzieht. Ist dieser Bereich blockiert, kann weder die Energie frei und leicht in das Herzchakra weiterfließen noch aus dem Herzen in die unteren Chakras strömen. Wir ziehen den Bauch ein, um unsichtbar zu bleiben, uns zu schützen und uns an gängige Schönheitsideale anzupassen.

Nimm einen Moment deinen Bauch wahr. Wie fühlt er sich an? Entspannt oder angespannt? Wenn du bemerkst, dass du ihn einziehst, atme tief in ihn hinein, und erlaube, dass er sich beim Ausatmen vollkommen ausdehnt.

Ein angespannter, eingezogener Bauch unterbricht die Verbindung unserer Yoni zu unserem Herzen. Wir trennen uns von unseren Gefühlen ab und übergeben die Macht an unseren Verstand.

Wenn wir aufhören, gegen uns selbst zu kämpfen, uns annehmen, wie wir sind, wir unserer selbst sicher sind und uns auch anderen gegenüber so zeigen, dann entspannt sich der Bauch und mit ihm die Verdauungsorgane und die Gebärmutter. Die Energie aus dem Solarplexuschakra kann frei fließen. Wir Frauen dürfen unserem Bauch – und das schließt unsere Kraft, unsere Macht, unsere Gefühle, unsere Präsenz ein – erlauben, den Raum einzunehmen, den er braucht.

ÜBUNG

Entspannte Bauchbeziehungen

Durch diese Übung findest du heraus, wie entspannt du im Beisein anderer Menschen sein kannst.
Setze dich aufrecht hin, die Fußsohlen berühren den Boden. Atme ein paarmal tief bis zum Unterbauch ein und wieder aus. Nun denke an eine Person. Das kann zum Beispiel dein Kind, dein Partner, deine Mutter, eine Freundin oder Arbeitskollegin sein.
Gehe mit der Aufmerksamkeit in deinen Bauch. Kannst du ihn entspannen, wenn du an diese Person denkst? Fließt der Atem frei? Kannst du den ganzen inneren Bauchraum einnehmen?
Oder spürst du eine Enge? Wird der Atem stockend, und die Aufmerksamkeit geht weg vom Bauch und zurück in den Kopf?
Nun wähle eine andere Person, und wiederhole die Übung. Du wirst erkennen, bei wem du dich angenommen fühlst, dich entspannen und ganz du selbst sein kannst.

DEINEN RAUM ABGRENZEN

Bei uns Frauen weist das Solarplexuschakra oft Löcher auf, aus denen Energie abfließt, ohne dass es uns bewusst ist. Wir füllen unser Energiefeld zwar immer wieder auf, aber ganz langsam entweicht die Energie wieder nach außen wie bei einer Luftmatratze, die ein kleines Leck hat. Das ist ein Grund dafür, dass wir aus dem Zustand der Erschöpfung und dem Gefühl der inneren Leere nicht herauskommen.
Die Ursachen von Energielecks sind vielfältig: Abhängigkeiten von anderen Menschen, Manipulation, Machtmissbrauch, Gewalt, Gefühle von Minderwertigkeit und Unwürdigkeit. Auch die Themen »Ohnmacht« und »Angst« spielen hier eine große Rolle.

Indem wir unseren eigenen Wert erkennen, uns treu bleiben, klare Grenzen ziehen und Nein sagen, können wir verhindern, dass wir im Kontakt mit anderen Menschen Energie verlieren. Eine klare Abgrenzung bedeutet, genau zu definieren: Wo beginne ich, wo höre ich auf? Was gehört zu mir, was zu den anderen? Wir lernen, zu unterscheiden, wofür wir selbst zuständig sind und wofür nicht, und sind dann nicht mehr so leicht versucht, anderen Menschen die Verantwortung abzunehmen bzw. ihnen die Verantwortung für unser Wohlbefinden zu übergeben. Das schafft innere und äußere Klarheit.
Es tut gut, unser Energiefeld nach außen hin abzugrenzen, denn erst dadurch können wir uns selbst spüren und den eigenen Raum einnehmen. Es ist wie bei unserer Haustür. Diese schließen wir auch ab, damit nicht unerwünscht Menschen eintreten und wir uns sicher und geschützt fühlen können.

Für uns ist es immens wichtig, unsere Bauchkraft zu aktivieren. Erst dann kann die Lebensenergie frei und voller Kraft weiter zum Herzen strömen. Besonders für unsere Herzensenergie ist ein kraftvolles Solarplexuschakra wertvoll. Denn Liebe braucht einen gesunden Rahmen und Raum, damit wir nicht nur im Geben sind, sondern auch Liebe empfangen.

ÜBUNG

Dein eigener Raum

Markiere zunächst deinen eigenen Raum, in dem du gut stehen kannst. Wenn du in der Natur bist, nimm einen Stock, und ziehe einen Kreis. Du kannst auch Steine sammeln und sie entsprechend hinlegen. Befindest du dich zu Hause, breite eine Decke oder einen Teppich auf dem Boden aus.

Nun betritt deinen Raum dreimal hintereinander mit einer anderen Absicht:

- Ich nehme mir Raum.
- Ich gebe mir Raum.
- Ich bin Raum.

Bleibe jedes Mal für zwei bis fünf Minuten in deinem Raum stehen. Dann verlasse ihn, schüttle dich, atme tief durch, und tritt mit der neuen Absicht hinein. Nimm wahr, was sich verändert. Diese Fragen helfen dir dabei:

- Was spüre ich?
- Was fühle ich?
- Was denke ich?
- Wo ist meine Aufmerksamkeit?
- Wie ist meine Energie?

Welche Unterschiede hast du bemerkt? Was konntest du am besten: das Nehmen, das Geben oder das Sein? Was war schwer? Was fiel dir leicht? Wenn du das nächste Mal einen Raum betrittst, zum Beispiel deinen Arbeitsplatz oder ein Wartezimmer, tue es mit einer Absicht, und beobachte, was sich bei dir und bei den Menschen um dich herum verändert.

ÜBUNG

Abgeben, was nicht zu dir gehört

Diese Übung hilft dir, wenn du den Eindruck hast, dass du von jemandem Energien übernommen hast bzw. dass Abhängigkeiten bestehen. Setze dich bequem hin, und stelle dir vor, die betreffende Person würde sich vor dir befinden. Strecke einen Arm nach vorn, der Handrücken zeigt zu dir. Dann drehe die Hand, führe sie zur Brust, und strecke gleichzeitig den anderen Arm mit der Handfläche nach vorn. Fahre so im Wechsel fort, und begleite dies mit den Worten: »Ich gebe dir deine Freiheit und Kraft zurück, ich nehme mir meine Freiheit und Kraft zurück.« Du nimmst deine eigene Energie wieder in Besitz und gibst jene ab, die nicht zu dir gehört. Mache das für zwei bis fünf Minuten, bis du spürst, dass dein Energiefeld klarer wird.
Wenn du das Gefühl hast, dass noch etwas festhängt, dann stelle dir ein Schwert vor, und durchtrenne damit alle energetischen Verbindungen zwischen dir und deinem Gegenüber. Damit kannst du jede Form von Abhängigkeit lösen.

NIMM DEINE WUT AN

Welches Verhältnis hast du zu deiner Wut? Ist sie dir vertraut oder fremd? Oft ist uns Frauen die Wut regelrecht abtrainiert worden. Als Mädchen durften wir traurig sein. Aber wütend? Das gehörte sich nicht und wurde bestraft.

Die Wut ist im Solarplexuschakra zu Hause. Auch wenn wir sie unterdrücken oder verdrängen, ist sie trotzdem da. Dann sitzt sie häufig in unseren Organen und wirkt dort.
Ich hatte lange Zeit intensive Magenschmerzen, für die es keine medizinische Erklärung gab. Bis mir schließlich bewusst wurde, dass der Auslöser meine ungelebte Wut war. Ich hatte überhaupt keinen Zugang

zur ihr. Erst die Schmerzen führten mich zu ihr. Als ich sie erkannte, half sie mir, klare Entscheidungen zu treffen und gut auf mich zu achten.

Wut ist die Energie der Kriegerin. Sie schützt uns, grenzt uns ab. Sie lässt uns sagen: »Es reicht! Ich will nicht mehr!« Ohne sie fehlt uns die Kraft, etwas zu verändern. Wir bleiben dort, wo wir sind, und das kann ungesund sein. **Die Wut macht uns darauf aufmerksam, dass jemand unsere Grenzen verletzt hat.** Sie hilft uns, Klarheit zu erlangen, für uns einzustehen, Altes loszulassen und Neues zu beginnen. Wut bringt uns ins Handeln.

Wenn wir unserer Wut Ausdruck verleihen, kann es sein, dass Konflikte im Außen entstehen. Halten wir sie jedoch zurück, wachsen die Spannung und der Druck in uns immer weiter an. Mögliche körperliche Folgen sind Bluthochdruck, Gelenkschmerzen, Migräne, Magenschmerzen, Verdauungsbeschwerden sowie Probleme mit Leber, Galle, Nieren oder Blase. Oft richtet sich unsere Wut dann auch gegen uns selbst, und sie schlägt um in Niedergeschlagenheit, Resignation, Selbstzweifel oder Zynismus.

Schließe Frieden mit deiner Wut, heiße sie willkommen. Anfangs mag der Umgang mit ihr noch etwas schwierig sein, und du reagierst vielleicht über. Grundsätzlich wird sie dir jedoch wertvolle Dienste leisten.

ÜBUNG

Der Vulkanausbruch

In dieser Übung wirst du deine Wut befreien und sie ausdrücken. Setze dich aufrecht hin, die Fußsohlen berühren den Boden. Reibe die Handflächen aneinander, bis sie warm sind, dann lege die Hände oberhalb des Nabels auf den Bauch. Atme tief ein und wieder aus.

Visualisiere in deinem Inneren ein Feuer. Wie groß ist es? Wie hell brennt es? Nimm es wahr. Das Feuer steht für deine Wut, die Energie, die darin liegt. Atme weiterhin kraftvoll ein und aus, und stelle dir vor, dass du mit jedem Atemzug die Flammen noch etwas stärker anfachst. Deine Bauchdecke hebt und senkt sich. Du kannst gern noch etwas schneller und intensiver atmen, auch keuchen.

Visualisiere nun, dass die Wutenergie im Bauch nach oben steigt und aus deinem Mund dringt wie Lava aus einem Vulkan. Du kannst ihr auch einen Ton geben, probiere es doch einmal mit dem Vokal O.

Spüre deine Kraft, die sich aus deinem Inneren dynamisch nach außen bewegt. Du darfst so richtig Dampf ablassen. Ja, schleudere die Energie regelrecht hinaus. Wenn du kannst, werde auch laut, schreie, stehe auf, und bewege dich. Nimm das befreiende Gefühl wahr, deiner Wut Luft zu machen.

ERMÄCHTIGE DICH SELBST

Was spürst du, wenn du »Macht« laut aussprichst? Welche Gefühle tauchen auf? Entspannt sich dein Körper, wird er weit? Oder verkrampft sich etwas in dir, wird eng? Bei den meisten Frauen löst das Wort keine positiven Reaktionen aus, denn wir verbinden es mit negativen Erfahrungen. Machtmissbrauch, Kontrolle und Manipulation sind die Schattenseiten des Solarplexuschakras und eng mit diesem Thema verwoben. Wir alle haben sie in irgendeiner Form in der Familie, Schule oder Partnerschaft bereits einmal erfahren.

Ohnmacht ist uns nur allzu vertraut. Sie lässt uns in krank machenden Situationen ausharren und an etwas, was längst zu Ende ist, festhalten. Für mich stellt sie sich dar wie ein großes Loch, in dem ich versinke, wenn ich keinen Ausweg mehr sehe. Darin fühle ich mich handlungsunfähig, klein und arm, tue mir selbst leid und resigniere.
Wie kommen wir aus diesem Gefühl wieder hinaus? Indem wir selbst die Verantwortung für unser Leben übernehmen und darüber entscheiden. Um Entscheidungen zu treffen, braucht es auch Klarheit. Genau das stellt oft eine Herausforderung für uns dar.

Im weiblichen Energiefluss und zugleich in der Klarheit zu sein, erscheint wie ein Widerspruch, weil innere Klarheit eine männliche Qualität ist. Aber auch wir Frauen können und sollten sie durch das Feuer in unserem Solarplexuschakra entwickeln. Dadurch wird viel Energie freigesetzt: »Ich weiß, was ich will, und gehe meinen Weg.«
Natürlich braucht jede Entscheidung ihre Zeit, aber wir Frauen wägen das Für und Wider oft sehr lange und eingehend ab, und wenn wir dann endlich eine Wahl getroffen haben, zweifeln wir dennoch an ihr. Das kostet uns viel Lebensenergie, und wir fühlen uns wieder ohnmächtig.

Wenn es uns an Klarheit fehlt, verstricken wir uns auch schnell in einer Vielzahl von Möglichkeiten. Frauen, die ein Business aufbauen wollen, fragen mich häufig: »Wie finde ich heraus, was meins ist. Mit welcher Idee kann ich nach außen gehen? Mit welchem Thema soll ich mich zeigen?« Wir neigen dazu, uns schier endlos mit solchen Fragen zu beschäftigen. Dahinter verbirgt sich die Angst vor der Sichtbarkeit. Es ist gar nicht so wichtig, womit, sondern, dass wir uns überhaupt zeigen. Die Themen wandeln sich mit der Zeit, wie wir uns selbst auch verändern. Darum spüre in dich hinein, ob es die Angst ist, gesehen zu werden, oder ob es dir wirklich an Klarheit fehlt.

Manchmal sind es einfach auch zu viele Themen, mit denen wir uns beschäftigen. Ich selbst bin vielseitig interessiert, kreativ veranlagt, und manchmal sprudeln die Ideen nur so aus mir heraus. Am liebsten würde ich alle zugleich und sofort umsetzen. Meine Energie fließt aus mir wie Wasser aus einer Gießkanne mit Brausekopf und zerstreut sich gleichzeitig überallhin. Eine meiner größten Herausforderungen besteht darin, einige Themen auszuwählen, mich ihnen nacheinander zu widmen und den Rest beiseitezulassen. Die Energie wird dadurch gebündelt und fließt in einem klaren Strahl in das jeweilige Projekt.

Klarheit entsteht aus einem Prozess der Bewusstwerdung und in Verbindung mit der schöpferischen Quelle aus unserem Schoßraum. Natürlich kann es sein, dass du morgens aufwachst und eine Eingebung hast. Häufig ist es jedoch so, dass sich erst mit der Zeit herauskristallisiert, worauf wir unsere Schwerpunkte legen und welche Richtung wir einschlagen wollen.

ÜBUNG
Die Kraft der Klarheit

Diese Übung hilft dir, Klarheit zu erlangen. Nimm ein Blatt Papier und einen Stift, und fokussiere dich jeweils fünf Minuten auf die folgenden zwei Fragen. Du kannst sie generell, aber auch in Bezug auf einen bestimmten Lebensbereich stellen, zum Beispiel Körper, Sexualität, Partnerschaft, Arbeit oder Familie.
Frage dich zuerst: »Was will ich nicht mehr?«
Schreibe alles auf, was dich belastet, dich unnötig Energie kostet bzw. dir nicht das bringt, was du dir wünschst. Sage zu allem, was du nicht mehr willst, radikal Nein. Damit schaffst du Raum für das, was du wirklich möchtest.
Dann frage dich: »Was bereitet mir Freude?«
Notiere, was dir Freude macht bzw. machen würde. Sie weist dir den Weg, und sie zu spüren, ist ganz leicht. Dafür brauchst du nur deinen Körper, nicht den Verstand. Dort, wo Freude ist, liegen auch deine Gaben und damit dein Erfolg.

INS TUN KOMMEN

Tun entsteht nicht durch Denken. Natürlich braucht es einen Plan, eine Vorgehensweise, eine Absicht, aber jede Handlung beginnt mit dem ersten Schritt. Um ihn nicht gehen zu müssen, haben wir Frauen einige Strategien entwickelt. Über unsere Glaubenssätze haben wir bereits gesprochen, und spätestens dann, wenn es darum geht, aktiv zu werden, tauchen diese wieder auf: »Ich bin noch nicht so weit«, »Der Zeitpunkt passt nicht«, »Ich kann das nicht«, »Es ist noch nicht gut genug« …

Indem wir zu viel und zu lange nachdenken, geben wir der inneren Kritikerin und der inneren Zweiflerin Raum. Sie finden immer einen Grund, wieso etwas nicht möglich ist.

Genauso können wir uns aber auch auf das ausrichten, was uns bewegt, weiterzugehen: auf unser inneres Feuer, unsere Begeisterung. **Wir können uns selbst verpflichten mit einem klaren Ja. Es setzt immens viel Energie frei und lässt uns die weiteren Schritte tun.**
Wenn du beispielsweise vorhast, mit dem morgendlichen Joggen zu beginnen, dann bereitest du alles entsprechend vor, stellst die Laufschuhe hin und legst die passende Kleidung raus. Nach dem Aufstehen ziehst du dich an, gehst vor die Tür und startest deinen Lauf. Wenn du überlegst, ob du aufstehen sollst, das Wetter passt, heute schon der richtige Tag dafür ist, lenkst du die Energie von deinem Vorhaben ab.

Bei größeren Entscheidungen und Projekten ist es angebracht, mit den Ideen zunächst schwanger zu gehen und sie reifen zu lassen, bis man ausreichend Klarheit und Sicherheit hat. Unsere Mitmenschen mögen es nicht immer, wenn wir zu neuen Ufern aufbrechen, uns weiterentwickeln, denn es bedeutet auch für sie Veränderung. Deshalb reagieren einige ablehnend, wenn wir ihnen unsere Vorhaben präsentieren, und nicht selten lassen wir diese dann wieder fallen. Wenn dir das bereits passiert ist, versuche in Zukunft, deine Ideen für eine längere Zeit für dich zu behalten. Auf diese Weise können sie in dir reifen, bis du dir sicher bist, und dann spielt es keine Rolle mehr, was andere dazu sagen.

Ich erinnere mich daran, als mir auf einmal klar wurde, dass ich meinen Job kündigen musste. Ich wusste es einfach. Natürlich hatte ich auch Angst vor den Auswirkungen meiner Entscheidung, dennoch reichte ich meine Kündigung noch am selben Tag ein. Und habe es bis heute nicht bereut. Es war der Auftakt für meine Selbstständigkeit.

Wenn du also immer wieder Entscheidungen triffst, diese aber nicht umsetzt, so kann es daran liegen, dass du dir zu viel Zeit lässt, sodass die Ängste und Unsicherheiten die Oberhand gewinnen. Du schiebst es auf, stehst aber einige Wochen oder Monaten wieder am selben Punkt. Manchmal braucht es mehrere Durchläufe, bis wir bereit sind, genug Entschlossenheit und Mut aufbringen, um in die Verantwortung zu gehen.

Dieser besondere Punkt ist die Schwelle, die uns vom Neuland trennt. Sobald wir sie übertreten, gibt es kein Zurück mehr. Du wechselst von der Komfort- in die Abenteuerzone, den Bereich, der dein Selbst noch mehr zum Leuchten bringen wird. Du sagst verbindlich Ja zu dem, was dich erwartet, auch wenn du noch nicht genau weißt, wohin der Weg dich führen wird.

Die eigene Komfortzone zu verlassen und Neues zu wagen, birgt immer ein Risiko. Wir können nicht vorhersehen, was kommt. Was wir aber tun können, ist, unseren Weg vertrauensvoll zu gehen – mit Urvertrauen, Selbstvertrauen und Gottvertrauen. Urvertrauen beziehen wir aus dem Wurzelchakra, Selbstvertrauen aus dem Solarplexuschakra und Gottvertrauen aus dem Kronenchakra.

ÜBUNG

Über die Schwelle treten

Diese Übung kannst du machen, wenn du vor einer Entscheidung stehst oder bereit bist, deine innere Macht anzunehmen. Es geht um ein klares, verbindliches Ja.
Lege einen Schal quer vor dir auf den Boden, er symbolisiert die Schwelle. Wenn du in der Natur bist, verwende einen Ast. Du stehst auf der einen Seite als dein jetziges Ich, die andere Seite symbolisiert dein neues Sein.
Formuliere deine Absicht, das, wofür du jetzt bereit bist, zum Beispiel:

- »Ja, ich bin bereit, meine Macht anzunehmen und wirksam werden zu lassen.«
- »Ja, ich bin bereit, mich von begrenzenden, einengenden Gedanken und Situationen zu befreien.«
- »Ja, ich bin bereit, mein Wissen, meine Gaben mit der Welt zu teilen.«
- »Ja, ich bin bereit, den nächsten Schritt zu machen, hin zu …«

Nimm einen tiefen Atemzug, sprich deinen Satz laut und deutlich aus, und dann tritt über die Schwelle. Spüre nach, was geschieht, was sich in dir verändert. Heiße das Neue in deinem Leben willkommen, öffne dich dafür. Du kannst auch deine Arme ausbreiten.

DEIN POTENZIAL ENTDECKEN

Unser Potenzial beinhaltet all unsere Fähigkeiten, Talente und Gaben, mit denen wir auf die Welt kommen und die wir im Laufe der Zeit entwickeln. Aus ihnen entstehen unsere Aufgaben für dieses Leben, und wir sollten sie auch weitergeben und mit der Welt teilen.
Wir können darauf vertrauen, dass wir alles in uns haben, was wir brauchen, um die kreativen Impulse aus dem Sakralchakra umzusetzen. Wir müssen es nur erwecken, es uns in Erinnerung rufen.

Sowohl in meine Ausbildungen zur Energie- und Körperarbeit als auch in die Intuitionsschulung kommen oft Frauen, die eine Sehnsucht in sich spüren, sich von einem Thema angezogen fühlen. Spätestens nach dem ersten Modul kommt das tiefe Aufatmen: die Gewissheit, am richtigen Ort zu sein, an etwas anknüpfen zu können, was bereits in ihnen ist. An ein Wissen, das nur darauf wartet, belebt und erfahren zu werden. Es ist wie ein Zurückerinnern an das, was wir in vergangenen Leben bereits getan haben, an unsere Zeit als Priesterinnen, Heilerinnen oder Künstlerinnen.
Wenn du zum Beispiel die Idee hast, Bilder zu malen, kommt sie nicht von ungefähr. Gibt es in dir schlummernde Fähigkeiten, die jetzt vielleicht reif sind, gelebt zu werden?

In uns allen sind Potenziale wie Samen angelegt. Im Laufe der Zeit, unserer Weiterentwicklung, unseres reifenden Bewusstseins, zeigen sich die verschiedensten Gaben und Fähigkeiten, die wir nach und nach entfalten dürfen.
Auch das, was von außen an uns herangetragen wird, was andere uns zutrauen, kann ein Hinweis sein. So kam es zum Beispiel auch zur Veröffentlichung meines ersten Buches. Eine Bekannte hatte mein E-Book zum Thema »Gefühle« gelesen und mich daraufhin gefragt, ob ich es nicht drucken lassen wollte. Die Idee ließ mich nicht los, bis ich schließlich mein Konzept dem Schirner Verlag vorstellte. Wie du siehst, hat dieser Impuls einige weitere wunderschöne Früchte getragen.

Ich lege dir ans Herz, deine Ideen anzunehmen. Schiebe sie nicht sofort beiseite, sondern schreibe sie auf – das ist bereits eine Handlung, der erste Schritt –, und lasse sie wirken.

Eine andere Möglichkeit, herauszufinden, welche Potenziale in dir schlummern, ist, dir bewusst zu werden, wofür du andere Menschen bewunderst, was dir positiv an ihnen auffällt und wobei du denkst: »Das würde ich auch gern können«, »So möchte ich auch sein.« Diese sogenannten goldenen Schatten weisen dir den Weg, denn du kannst an anderen nur das wahrnehmen und bewundern, was du selbst in dir trägst. Du erkennst dich in ihnen wieder.
Wenn dir zum Beispiel die Ausstrahlung einer Frau gefällt, versuche einmal, dich selbst so zu betrachten wie sie. Auch du strahlst etwas Besonderes aus. Dein eigenes Licht spiegelt sich dir durch diese Frau wider. Sollte dir also etwas an einem anderen positiv auffallen, dann finde in dir den entsprechenden Samen, der bereit ist, sich weiterzuentwickeln. Das bedeutet nicht, dass du genauso werden sollst wie diese Person. Du darfst dein Licht auf deine eigene Art und Weise erstrahlen lassen.

ÜBUNG

Deine Gaben erkennen

Nimm ein Blatt Papier und einen Stift, blicke auf deine Kindheit zurück, und beantworte folgende Fragen:

- Womit hast du dich als Kind am liebsten beschäftigt?
- Wobei hast du die Zeit vollkommen vergessen und bist darin aufgegangen?
- Was hat dir Spaß gemacht, was hast du aus purer Freude getan?

Nun schaue auf dein späteres Leben zurück. Beantworte die Fragen nicht nur in beruflicher Hinsicht, sondern beziehe alle Bereiche mit ein:

- Was ist dir gelungen?
- Worauf bist du stolz?
- Wo bist du trotz Widerständen weitergegangen?
- Worin hast du deine Kraft investiert?
- Welche Erfolge hast du gefeiert?
- Wo gab es besondere Höhepunkte?

Wende dich dann der Gegenwart zu:

- Wann fühlst du dich lebendig?
- Was gibst du gern weiter?
- Was begeistert dich?
- Was kannst du besonders gut?
- Was schenkt dir Freude und Sinn in deinem Leben?
- Wovon sagen andere Menschen, dass du es gut kannst?
- Womit kannst du anderen am besten dienen?
- Wenn alles möglich wäre, wie würdest du gern leben?

Durch das Stellen dieser Fragen beginnt dein Geist, zu arbeiten, und deine Gaben werden sich herauskristallisieren.

ÖFFNE DICH
FÜR DEIN WEIBLICHES SEIN,
DURCHBRICH DEINE BEGRENZUNGEN,
UND GIB DIR RAUM,
GANZ DU SELBST ZU SEIN.
STAUNE, WAS SICH AUS DIR
HERAUS ENTFALTEN UND
SICHTBAR WERDEN WILL.

HERZCHAKRA – DEINE WEIBLICHE LIEBE

In diesem Kapitel wenden wir uns deinem Herzen und der Liebe, der stärksten Kraft im Universum, zu. Deine Selbstliebe schenkt dir tiefen inneren Frieden und liebevollen Glanz im außen. Wenn du dein Herz für die Liebe öffnest, erinnert sie dich daran, dass jeder Liebesdienst an dir und deinen Nächsten auch ein Liebesdienst am großen Ganzen ist.

Mit dem Herzchakra gelangen wir auf eine höhere Schwingungsebene. Es verbindet uns mit dem Herzen der Erde und unserer Seele. Es schenkt uns sowohl die Liebe zum Leben, zu den Menschen, Tieren und Pflanzen als auch zu uns selbst und dem göttlichen, universellen Sein. Die Qualitäten dieses Energiezentrums sind Dankbarkeit, Mitgefühl, Offenheit, Toleranz, Selbstliebe und Liebesfähigkeit. Wir Frauen tragen sie von Natur aus in uns. Unser Herz weiß sofort, was sie bedeuten, denn wir sprechen nicht nur über sie, sondern leben sie. Wir sind dafür geschaffen, unsere Herzenskraft frei und offen in die Welt zu bringen. **Wir sind auf die Erde gekommen, um zu lieben.**

Das Herzchakra befindet sich in der Brustmitte auf Höhe des Herzens. Ihm ist das Element Luft zugeordnet. Luft steht für Freiheit, für neue, frische Energie. Wir brauchen sie zum Atmen, und über sie sind wir alle miteinander verbunden. Das zentrale Thema dieses Chakras ist »Ver-

bundenheit«: die Verbindung zur irdischen und zur Geistigen Welt, zu unseren Liebsten und zu uns selbst.
Die unteren drei Chakras bilden die Grundlage für gelebte liebevolle Verbindungen. Erst wenn sie in ihrer Kraft sind, können wir die Liebe im Alltag fließen lassen. Ansonsten neigen wir dazu, sie auf die geistige, spirituelle Ebene zu begrenzen. Dann bleibt das Leben auf Erden an sich davon unberührt. Es kann sogar so weit gehen, dass wir unsere Existenz nicht als liebens- und lebenswert empfinden.
Liebe ist da, damit wir sie leben. Das ist eine der wichtigsten Aufgaben nicht nur für uns Frauen, sondern für die gesamte Menschheit. Wir alle sind eingeladen, unsere Herzenskraft in die Welt zu bringen.

Unser Herzchakra nimmt eine wichtige Position ein, weil es die drei unteren, irdischen mit den drei höheren, geistigen Chakras im Körpersystem verbindet. Es wirkt zugleich in der materiellen und der feinstofflichen Welt, vereint sie in sich, gleicht die irdischen und geistigen Energien einander an und hält sie in Balance. Dazu braucht es ein offenes Herz, das sowohl für die geistigen, himmlischen Energien empfänglich ist als auch sich von den irdischen Erfahrungen berühren lässt.
Indem das Herzchakra die lichtvollen Impulse unserer Seele empfängt, macht es sie uns auf der Erde zugänglich. Es schenkt uns alle Antworten, die wir brauchen, und führt uns durch unser Leben. Daher ist es wichtig, dass wir unser Bewusstseinszentrum vom Verstand zum Herzen verlagern und bei Entscheidungen, die eigentlich auf Herzensebene getroffen werden sollten, nicht mehr auf den Verstand hören.

Viele Frauen haben sich von ihrem Herzen entfernt, weil ihnen gesagt wurde, sie müssten nachdenken, analysieren, Pro und Contra abwägen, es auf die männliche Art und Weise machen. Aber wir Frauen sind anders. Wir denken anders, fühlen anders. In unserem Herzen laufen alle Fäden zusammen, dort finden wir tiefe Weisheit und Liebe, mit denen wir unser Leben gestalten können. Über das Herzchakra sind wir dazu fähig, emotionale Verletzungen zu heilen, mit dem, was war, und mit unseren Mitmenschen Frieden zu schließen.

DER KREIS DER FRAUEN

Für uns Frauen ist Verbundenheit besonders wichtig. Früher war es selbstverständlich, dass sich Frauen zusammenfanden, um sich untereinander auszutauschen, einander zu unterstützen und gemeinsam zu tanzen, zu singen und zu feiern. Das Beisammensein war geprägt von gegenseitiger Wertschätzung und einem tiefen Gefühl der Zusammengehörigkeit. Frauenkreise boten den Raum, sich zu spüren, zu fühlen und sich selbst in den anderen wiederzuerkennen. Aus diesen liebevollen, wärmenden, nährenden, tragenden und heilenden Verbindungen heraus konnte jede Frau neue Kraft schöpfen und tiefgehende Erkenntnisse erlangen.

Diese Verbundenheit unter Frauen fehlt uns meist heutzutage, was vor allem Mütter mit kleinen Kindern schmerzlich spüren. Anstatt in einer großen Gemeinschaft leben wir in Kleinfamilien, sind weitgehend auf uns selbst gestellt. Mit etwas Glück gibt es eine Krabbelgruppe, ein Eltern-Kind-Zentrum in der Nähe oder die Möglichkeit, sich mit anderen Frauen auf dem Spielplatz zu treffen.

Als meine drei Kinder noch klein waren, habe ich immer wieder die Begegnung mit anderen Müttern und Frauen gesucht, auch wenn es organisatorisch etwas aufwendig war. Danach fühlte ich mich gestärkt und konnte mit neuer Energie und guten Impulsen nach Hause zurückkehren.

Eine Gemeinschaft von Frauen kann sehr vieles auffangen und ausgleichen, was vor allem auch in Zeiten der Veränderung wertvoll ist. Wenn die Kinder in die Pubertät kommen, flügge werden und schließlich das Nest verlassen, können die damit einhergehenden Loslösungsprozesse sehr intensiv und emotional herausfordernd sein. Das erfahre ich zurzeit selbst und merke, wie wichtig es für mich ist, mich darüber mit anderen Frauen auszutauschen.

In meinen Seminaren erlebe ich, wie sehr Frauen es zu schätzen wissen, wenn ihnen die Möglichkeit geboten wird, so zu sein, wie sie sind. Voraussetzung dafür ist ein offener, liebevoller und wertschätzender Raum, den ich durch meine Präsenz halte. Zu wissen, dass wir uns äußern können, ohne verurteilt zu werden, lässt uns entspannen, wodurch unsere Herzensenergie freier fließen kann. **Wenn wir uns in unserer Verletzlichkeit, mit unseren Wunden, aber auch mit unserer Güte und Liebe zeigen können, entsteht ein Feld der Heilung.**
Jede Frau sollte solch einen Raum auch für sich selbst erschaffen. Dazu braucht es ein kraftvolles Solarplexuschakra. Es wahrt die Grenzen für unsere Herzensenergie und die Verbundenheit mit uns selbst, bietet uns also Schutz und Sicherheit, damit wir uns einbringen können, ohne uns in anderen zu verlieren.

ZUERST DIE SELBSTLIEBE

Ich werde oft von Frauen gefragt, was mit Selbstliebe überhaupt gemeint sei. Sie sagen, es sei ein schöner Begriff, aber praktisch könnten sie nicht viel damit anfangen. Beginnen wir damit, was sie nicht ist, also ihrem Gegenteil: der Selbstablehnung.
Schon allein das Wort löst negative Gefühle und Gedanken aus. Dennoch praktizieren wir Frauen die Selbstablehnung sehr intensiv. Wir hadern mit unserem Aussehen, Gewicht, Alter und unseren Lebensumständen. Sie zeigt sich, indem wir uns ständig mit anderen vergleichen, uns selbst nicht verzeihen, nicht gut für uns sorgen, uns aufgeben, über unsere eigenen Grenzen gehen, unsere Gefühle nicht zeigen, uns als Opfer fühlen, nicht allein sein können, die Verantwortung an andere abgeben, Schuldgefühle haben … Selbstablehnung ist wie ein innerer Krieg, den wir gegen uns selbst führen.

In die Selbstliebe gelangen wir, indem wir unser Herz für uns öffnen, aufhören, uns selbst zu verurteilen, und uns darin üben, Mitgefühl für

uns selbst zu empfinden. Uns zu lieben, bedeutet, uns mit all unseren Stärken, Schwächen und Gefühlen anzunehmen. Wir müssen nicht darauf warten, perfekt zu sein, sondern können jetzt sofort damit beginnen. Selbstliebe bedeutet, zu wissen: »So, wie ich jetzt gerade bin, bin ich liebenswert.«
Damit hört der Kampf auf – der innere gegen uns selbst, aber auch der, den wir im Außen führen. Durch diese bedingungslose Annahme entsteht Raum für Wandel. Wir verändern uns nicht, weil wir gegen etwas kämpfen, im Widerstand sind oder unbedingt etwas erreichen wollen, sondern weil wir liebevoll Ja sagen zu dem, was ist. Wir werden uns selbst wie auch anderen gegenüber toleranter und offener.

Wir Frauen gehen für andere oft über unsere Grenzen, verlieren uns in den Beziehungen zu anderen und vergessen dabei, uns selbst wichtig zu nehmen. Manchmal geben wir unsere Liebe, ohne darauf zu achten, ob sie auch gewürdigt wird. Nein zu jemandem zu sagen, kann auch ein Zeichen von Selbstliebe sein. Wenn das Verhalten unseres Gegenübers uns verletzt, unsere körperliche oder psychische Gesundheit beeinträchtigt, dann ist das Nein zu ihm ein Ja zu uns selbst und zu unserer Selbstliebe.

Wir sollten uns die Frage stellen, ob der andere unsere Liebe verdient hat. Denn Liebe hat nichts mit Selbstlosigkeit oder Selbstaufgabe zu tun. Sie ist eine unendlich kostbare Energie, die wir anderen schenken können, aber nicht müssen, vor allem dann nicht, wenn sie nicht erwidert, nicht geschätzt oder sogar missbraucht wird.

Vor Kurzem fragte ich eine Klientin, was sie ihrer Tochter raten würden, wenn diese von ihrem Freund so behandelt werden würde wie sie selbst von ihrem Partner. Ohne zu zögern, antwortete sie: »Ich würde ihr empfehlen, sich von diesem Mann zu trennen, denn sie sollte niemandem erlauben, so mit ihr umzugehen.« Damit war alles gesagt. Manchmal hilft es, wenn wir die eigene Situation auf andere Personen übertragen, um Klarheit zu bekommen.

Selbstliebe ist pure Selbstfürsorge, durch sie kannst du deine Herzensenergie in den Alltag bringen. Frage dich: »Gibt es etwas, was ich aus Liebe zu mir verändern will?« Das kann alle Lebensthemen betreffen. Es kann sich also zum Beispiel darauf beziehen, wie du dich ernährst, wie du deinen Körper behandelst, welchen Stellenwert du deinen Wünschen einräumst oder was für Beziehungen du führst.
Lerne, dich mit all deinen Gefühlen und Gedanken wahrzunehmen, und frage dich, ob sie dir guttun. Nimm deine Bedürfnisse ernst, und finde heraus, ob das, was du tust, stimmig für dich ist. Schenke dir Selbstliebe: Verwöhne dich, gönne dir etwas Besonderes, tue etwas, was dir Freude bereitet. Lasse es zu einer täglichen Gewohnheit werden. **Je liebevoller du dich behandelst, desto mehr Liebe wirst du im Leben wahrnehmen und empfangen können.**

Versuche bei allem, was du tust, deine Herzensenergie mit einfließen zu lassen: beim Schreiben von E-Mails, Telefonieren, Kochen, Autofahren, Einkaufen – jederzeit. Das geht am einfachsten, wenn du in dein Herz atmest, dort das Gefühl von Dankbarkeit entstehen lässt und erlaubst, dass es sich ausdehnt. Dadurch wird sich dein Handeln verändern, der Raum um dich herum wird weiter, dein Herz wird freier und leichter.

Auch Segnen ist ein Zeichen der Liebe. Es würdigt, schenkt Anerkennung und sorgt sofort für hoch schwingende Energien. Probiere es gleich aus, indem du sagst: »Ich segne meinen Körper.« Spüre, was dieser Satz mit dir macht.
Segne dich, den Tag, deine Kinder, deinen Partner, deine Eltern, deine Mitmenschen, deine Kunden, die Erde, die Tiere, das Essen, deine Gesundheit … – das Leben. Genauso kannst du auch deinen Dank aussprechen.

Unser gesamtes Leben wird liebevoller und friedvoller, wenn wir uns in Selbstliebe üben. Liebe und Frieden in uns selbst zu finden, ist das Heilsamste, was wir für uns, unsere Kinder, die Gesellschaft und die Erde tun können. Würden alle diesen Weg beschreiten, gäbe es keine Kriege und keine Ausbeutung mehr.

Diese Worte aus meinem Kartenset »Meine Liebe spricht zu dir – Botschaften aus dem Herzen Jesus« drücken für mich sehr klar die Dimension der Selbstliebe aus: »Sage Ja zu dir, und liebe dich selbst. So sagst du auch Ja zu mir und meiner Liebe zu dir.« (Jesus) Der Impuls dazu lautet: »Dich selbst zu lieben, ist die stärkste und liebevollste Verbindung auf Erden. Deine Liebe zu dir steht an erster Stelle. Nimm dich so an, wie du bist. Sage Ja zu dir. Das ist die höchste Form von Selbstliebe, und sie entspringt deinem Herzen.«

ÜBUNG

Deine Selbstliebe erhöhen

Zeichne auf einem Blatt Papier einen waagrechten Strich, und teile ihn in Abschnitte von eins bis zehn ein. Frage dich: »Wie hoch ist meine momentane Selbstliebe?« Welche Zahl kommt dir spontan in den Sinn? Markiere sie auf der Skala.

Jetzt stelle die Frage: »Wohin möchte sich meine Selbstliebe entwickeln?« Zeichne auch diesen Wert ein.

Frage dich nun: »Woran würde ich erkennen, dass meine Selbstliebe gestiegen und diesen höheren Wert erreicht hat?« Schreibe mindestens drei konkrete Punkte auf.

DEIN HERZ ÖFFNEN

Wenn wir emotionale Verletzungen erfahren haben, braucht unser Herz Zeit, sie zu verarbeiten. Wir können es vergleichen mit einer äußeren Wunde, auf die wir zum Schutz ein Pflaster kleben, während sie sich schließt. Beim Herzen ist es jedoch oft so, dass wir die »Pflaster« auch dann nicht entfernen, wenn die Wunden schon längst geheilt sind. Anstatt es wieder zu öffnen, halten wir es aus Angst vor weiteren Verletzungen verschlossen.
Durch ein verschlossenes Herz findet der Energieaustausch nur noch begrenzt statt. Wir können die Impulse des Lebens und der Liebe nicht mehr frei empfangen und weitergeben. Wir trennen uns von unseren Gefühlen ab, ziehen uns immer weiter in uns zurück, anstatt uns zu verbinden, und isolieren uns somit zunehmend selbst. Unser Herz braucht aber den Austausch mit dem, was uns umgibt. Deswegen ist die Haut als Organ, über das wir spürbare Berührung wahrnehmen können, auch dem Herzchakra zugeordnet.

Nur ein offenes Herz kann das Leben in all seinen Facetten erfahren. Dabei macht es keinen Unterschied, ob etwas positiv oder negativ ist. Egal, ob wir Trauer oder Freude erleben, alles ist eine Erfahrung, und unser Herz ist imstande, es zu verarbeiten. Es schenkt uns Mitgefühl und somit die Möglichkeit, die Not, das Leid und den Schmerz von anderen Lebewesen wahrzunehmen und daran etwas zu ändern. Wenn Menschen zum Beispiel sehen, wie Hennen in engen Käfigen gehalten werden, und sie sich davon berühren lassen, bin ich mir sicher, dass keiner von ihnen mehr Eier aus Käfighaltung kaufen wird. **Ein Herz, das offen ist, schützt das Leben, die Tiere, die Pflanzen und die gesamte Erde.**

Ein offenes Herz kann vor Freude hüpfen, uns lebendig sein lassen wie kleine Kinder. Wir können dem Leben unschuldig begegnen, uns von ihm immer wieder überraschen lassen. Wir leben im Hier und Jetzt und erkennen die göttliche Energie in allem, was lebendig ist.

Die einfachste Art und Weise, unser Herz durchlässiger und offener werden zu lassen, ist, uns in Dankbarkeit zu üben. Sie durchströmt es mit Wärme und erzeugt in Verbindung mit einem gleichmäßigen, langsamen Atem die Herzkohärenz. Herzkohärenz entsteht, wenn unser Verstand und unser Herz zusammenarbeiten. Es ist eine harmonische innere Ordnung. Wir sind im Einklang.

ÜBUNG

Herzkohärenz erzeugen

Gehe mit deiner Aufmerksamkeit zu deinem Herzchakra. Atme durch die Nase ruhig und langsam über die Brustmitte, indem du ungefähr fünf Sekunden lang ein- und fünf Sekunden lang ausatmest.
Nun denke an etwas Schönes, was in dir Dankbarkeit auslöst. Das kann ein Ort sein, an dem du dich wohlfühlst, ein geliebtes Tier, ein dir nahestehender Mensch oder eine Tätigkeit, die dich erfüllt. Lasse das Gefühl intensiver werden, und stelle dir vor, wie sich die Dankbarkeit aus deinem Herzen in deinem gesamten Körper ausbreitet. Nimm wahr, wie du zur Ruhe kommst und dich immer mehr entspannst.
Wenn du dann deinem Alltag nachgehst, wirst du merken, dass sich dein innerer kohärenter Zustand nicht nur auf dich, sondern auch auf dein Umfeld positiv auswirkt.

Nur mit einem offenen Herzen ist es möglich, die feinen Impulse der eigenen Seele zu empfangen. Sie leiten uns auf unserem Weg und unterstützen uns auf unserer Mission, hier auf der Erde zu leben. Unser Herz kann uns in allen Belangen Antworten schenken. Was würde die Liebe tun? Mit dieser einfachen Fragen erweitern wir unsere Perspektive. Wir sind es gewohnt, unsere Themen und Probleme nur mit dem Verstand zu betrachten. Wir analysieren, versuchen, jeden Faktor mitzubedenken, und dennoch entscheiden wir uns oft genug falsch oder wissen nicht weiter.

Unser Herz liefert uns Antworten von einer anderen Qualität. Sie sind ganzheitlicher und umfassender als die unseres Verstandes. Denn dieser kann seine Informationen nur aus unseren Erfahrungen und unserem Wissen aus diesem Leben beziehen und sie auf die Zukunft projizieren. Unser Herz hingegen ist multidimensional, kennt keine Begrenzung von Zeit und Raum. Es bezieht unsere Seelenenergie mit ein, unsere Erfahrungen aus früheren Leben, unsere Potenziale und die Möglichkeit von Wundern.

ÜBUNG

Kopf und Herz befragen

Mit dieser Übung lernst du, zu unterscheiden, ob du Antworten aus dem Kopf oder dem Herzen bekommst. Führe sie durch, wenn du vor einer Entscheidung stehst und wissen willst, was dein Herz und dein Kopf zu einem bestimmten Thema zu sagen haben. Nimm ein Blatt Papier und einen Stift, und schreibe dein Thema oder deine Frage auf.
Frage zuerst: »Was sagt mein Kopf dazu?«
Notiere alle Gedanken und Argumente, die dir dazu in den Sinn kommen. Mache dies so lange, bis dein Kopf vollkommen leer ist.
Dann frage dich: »Was sagt mein Herz dazu?«
Lausche den Antworten deines Herzens, und schreibe auch sie auf.
Spüre den Unterschied zwischen den Herzensantworten und den Überlegungen, die aus deinem Verstand kommen. Je öfter du dir diese Fragen stellst, desto schneller wirst du erkennen, ob dein Herz oder dein Kopf zu dir spricht.

ATEM VERBINDET

Das Element Luft ist dem Herzchakra zugeordnet, somit können wir über den Atem wie auch das Herz Verbundenheit erfahren. Wir alle atmen dieselbe Luft. Der Atem verbindet uns mit allen Lebewesen, dem Himmel, der Erde und uns selbst. Durch ihn wird unser Körper mit nährendem Sauerstoff durchflutet und unsere kostbare Lebensenergie aktiviert. Genauso ermöglicht er es uns, verbrauchte Energie auszustoßen und uns von emotionalen und körperlichen Blockaden zu befreien. Durch langsames Ein- und Ausatmen beeinflussen wir die Herzkohärenz und können unser Nervensystem und damit auch unseren inneren Zustand aktiv regulieren.

Der Atem ist immer da und uns zugänglich. Somit ist die Arbeit mit ihm der natürlichste und einfachste Weg, unsere Energie zu erhöhen und mit uns selbst in Kontakt zu treten.
Achte darauf, dass deine normale Atmung im Alltag möglichst über die Nase erfolgt, denn das ist die gesündeste Form. Atme durch die Nase immer wieder tief und langsam in den Bauch ein und wieder aus. Nimm deinen Atem bewusst wahr. Das lässt dich in den gegenwärtigen Augenblick und in dein Herz zurückkehren. Das Herz ist immer im Jetzt, es schlägt in diesem Moment für dich.
Über den Atem kannst du dich mit jedem Körperbereich verbinden und liebevolle Herzensenergie dorthin lenken. Dadurch kann sehr viel Heilung geschehen.

ÜBUNG

Loslassen und aufnehmen

Über den Atem kannst du Belastendes loslassen wie auch Schönes in dich aufnehmen. Diese kurze Atemübung kann dir im Alltag wertvolle Dienste leisten.

Atme zunächst ein paarmal langsam durch die Nase ein und über den Mund aus. Denke beim Einatmen das Wort »Ruhe« (oder »Entspannung«, »Kraft«, »Liebe« … – das, was du jetzt brauchst). Du kannst durchgehend denselben Begriff verwenden oder ihn auch bei jedem neuen Einatmen wechseln.

Halte dann den Atem für fünf bis zehn Sekunden an. Dadurch gelangt mehr Blut und Energie in dein Gehirn. Beim Ausatmen lasse einen tiefen, lauten Seufzer los.

Atme für einige Minuten in diesem Rhythmus weiter. Spüre anschließend nach, was sich verändert hat.

Das Seufzen unterstützt dich beim Loslassen, es entspannt und schenkt Wohlgefühl. Es heißt, dass das Seufzen der natürliche Klang des Herzens sei. Übrigens geben wir alle paar Minuten einen natürlichen, sogenannten physiologischen Seufzer von allein und meist kaum merkbar ab. Außer wir schauen auf den Bildschirm von PC oder Handy, dann passiert dies nicht. Baue das Seufzen immer wieder bewusst in deinen Alltag ein.

ÜBUNG

Herz-Yoni-Verbindung

Mit dieser Atemübung verbindest du dein Herz mit deiner Yoni, indem du den Atem zwischen ihnen kreisen lässt. Dadurch entsteht eine Herz-Yoni-Kohärenz. Das ist zum Beispiel für unsere Liebesbeziehungen sehr wichtig. Es kann sein, dass unser Herz für einen Menschen offen ist, aber nicht unsere Yoni. Umgekehrt genauso. Wenn Yoni und Herz im Einklang sind, wirst du dir darüber klar, wem du dich in welcher Art und Weise öffnen möchtest.

Lege eine Hand auf dein Herzchakra und die andere auf deinen Schoßraum. Atme durch die Nase ein und aus. Richte dabei zunächst die Aufmerksamkeit auf dein Herz. Nimm wahr, wie der Atem es durchströmt. Dann richte den Fokus auf die Yoni, und spüre, wie der Atem durch sie hindurchfließt.

Nun lasse zwischen Herz und Yoni einen Energiekreislauf entstehen, indem du von deiner Yoni zu deinem Herzen einatmest und von deinem Herzen zu deiner Yoni ausatmest. Atme in diesem Kreislauf weiter. Ziehe den Atem von deiner Yoni hoch zum Herzen, beim Ausatmen hinunter zur Yoni. Dadurch fließt die Energie deines Schoßraumes in dein Herz, die Energie deines Herzens in deinen Schoßraum.

Diese Atemübung kannst du auch machen, wenn du deine sexuelle, lustvolle Energie noch mehr intensivieren und auf deinen ganzen Körper ausdehnen willst.

DEIN HERZ REINIGEN

Um unser Herz zu befreien und zu öffnen, dürfen wir uns im Loslassen und Vergeben oder in heilsamer Distanz üben. Die alten Pflaster zu lösen, kann schmerzhaft sein. Es führt jedoch kein Weg daran vorbei, wenn wir wieder berührbar sein wollen. Meist stellt es eine größere Hürde dar, uns selbst zu vergeben als anderen.
Vergebung geschieht im Herzen. Manchmal sagen wir zwar, dass wir jemanden vergeben, aber fühlen es nicht. Die Bereitschaft zum Verzeihen kann aus dem Verstand kommen, aber spürbar ist es nur im Herzen. Dein klares Ja und dein Wille bilden den Auftakt zur Heilung. Wenn du merkst, dass du noch nicht bereit bist, frage dich: »Was würde geschehen, wenn ich anderen oder mir selbst vergeben würde? Was würde sich dadurch in meinem Leben verändern?« Bedenke, dass wir das Nicht-Vergeben nutzen können, um uns nicht weiterentwickeln zu müssen. Wir bleiben dadurch in der Opferhaltung, vermeiden die Eigenverantwortung und kommen nicht in unsere Kraft.

Ein entscheidender Schritt zur Vergebung und damit zur Heilung ist die Bereitschaft, den Schmerz anzuschauen, ihn anzuerkennen und anzunehmen. Dort, wo keine Anklage ist, ist auch keine Vergebung. Anklage bedeutet, sich bewusst zu machen, was geschehen ist, was einen verletzt hat. Das bewusste Hinschauen und der klare, ungetrübte Blick, ohne etwas zu beschönigen, sind hierbei sehr wichtig.
Wenn sich die Anklage auf wichtige Bezugspersonen wie den Partner oder die Eltern bezieht, kann dies für uns Frauen sehr schwierig sein. Ich erlebe hier sehr oft eine starke Loyalität wie auch mangelnde Distanz und die Neigung zur Verdrängung. Vor allem, wenn wir uns in emotionalen oder auch finanziellen Abhängigkeiten befinden und das Familienleben sichern wollen, kommt es häufig dazu, dass wir unsere Verletzungen ignorieren. So kann es sein, dass uns erst viel später bewusst wird, wie belastend oder sogar traumatisierend eine Situation für uns war.

So ist es mir auch ergangen. Erst einige Jahre später, als ich mich aus den Abhängigkeiten gelöst hatte, gab mein Herz den Schmerz frei, und ich realisierte, dass mich das Verhalten einiger Menschen zutiefst verletzt hatte.

Wenn uns Frauen psychische, körperliche oder sexuelle Gewalt angetan wurde, kann dieses Trauma unser ganzes Leben überschatten. Hier von Vergebung zu sprechen, ist schwierig. Vielmehr sollten wir uns fragen, was zu unserer Heilung und unserem inneren Frieden beitragen kann. Uns von denjenigen zu distanzieren, die uns dieses Leid zugefügt haben, ist manchmal der einzige Weg. Diese klare Trennung schafft den sicheren Raum, in dem wir uns selbst in Liebe begegnen. Hierbei kann auch die Übung »Abgeben, was nicht zu dir gehört« (S. 72) hilfreich sein, um alle energetischen Verbindungen und Abhängigkeiten zu der betreffenden Person zu lösen.

Im Prozess der Vergebung ist es möglich, dass sehr alte Gefühle an die Oberfläche kommen, die verarbeitet werden wollen. Das kann sehr schnell gehen oder aber auch einige Wochen oder sogar Jahre dauern. **Vertraue darauf, dass dein Herz den Weg kennt.**

Die Zeit ist reif, uns von alten Belastungen zu lösen. Unser Herzchakra wünscht sich Freiheit und Leichtigkeit. Auch unser Körper darf durchlässiger und leichter werden, denn die Gefühle sind ebenso in unserem Körper eingeschlossen und verdichtet. So geschieht Befreiung auf allen Ebenen.
Eine sehr hilfreiche Übung ist das hawaiianische Vergebungsritual Ho'oponopono. Es begleitet mich schon seit vielen Jahren. Die kurzen Sätze, die du für dich oder andere sprechen kannst, tragen heilsame Energie in sich und können Wunder bewirken.

ÜBUNG

Ho'oponopono mit dir und anderen

Dieses Ritual unterstützt dich dabei, dir zu vergeben, dich anzunehmen und zu lieben.
Sage zu dir: »Es tut mir leid. Ich verzeihe mir. Ich liebe mich. Danke.«
Wenn du einem anderen Menschen vergeben möchtest, denke an ihn, und sprich: »Es tut mir leid. Ich verzeihe mir. Ich verzeihe dir. Ich liebe mich. Ich liebe dich. Danke.«
Du kannst die Wirkung dieses Rituals unterstützen, indem du symbolisch die Energie freigibst, die in deinen Chakras noch festgehalten wird. Beginne bei deinem Wurzelchakra, und ende bei deinem Kronenchakra. Dazu brauchst du einen Stein, den du gut mit einer Hand umschließen kannst.
Halte den Stein in der geschlossenen Hand vor dein Wurzelchakra. Drücke die Faust etwas zusammen, und sprich die Sätze – entweder an dich gerichtet, wenn du dir selbst vergeben willst, oder an jemand anderen. Dann öffne die Hand, sodass der Stein frei in der Handfläche liegen bleibt. Spüre nach, was sich verändert.
Mache dasselbe beim Sakral-, Solarplexus-, Herz-, Hals-, Stirn- und abschließend beim Kronenchakra. Du wirst spüren, wo noch alte Belastungen vorhanden waren.
Nimm am Ende einen tiefen Atemzug.

HEILUNG AUS DEM HERZENSKERN

Unser Herz ist der Sitz der göttlichen Liebe und des göttlichen Lichtes. Genauer gesagt, handelt es sich um die fünfte Herzkammer, die es physisch gibt und auch als »Sinusknoten« bezeichnet wird. Sie ist nur vier Millimeter groß, ihr Inneres bildet ein Vakuum und ist 100 Grad Celsius heiß.
Über diesen Herzenskern sind wir mit der unendlichen Quelle der Liebe verbunden. Unabhängig davon, welche Verletzungen wir erfahren haben, bleibt dieser Bereich immer heil und intakt, und so können wir über die fünfte Herzkammer das göttliche Licht und die Liebe für uns und unsere Heilung nutzen. Durch sie sind wir in der Lage, unsere Herzensenergie in die Welt strahlen zu lassen und den Menschen das Geschenk der Liebe weiterzugeben. **Je mehr Liebe aus unserem Herzen strömt, desto mehr Liebe werden wir auch empfangen. Liebe vermehrt sich.**

Liebe ist jene Energie, die die Basis für das neue Bewusstsein und ein neues Miteinander bildet. Ich glaube, dass wir Frauen die Aufgabe haben, diese Liebe in die Welt zu bringen. Wir können sie sichtbar werden lassen.

ÜBUNG

Verbinde dich mit der Quelle der Liebe

Setze oder lege dich hin. Reibe die Handflächen aneinander, bis Wärme entsteht, dann lege sie auf den Bereich deines physischen Herzens. Schließe die Augen, atme in die Hände hinein, und sinke mit jedem Atemzug tiefer in dein Herz, bis du zu deinem Herzenskern gelangst, der voller Licht, Wärme und Liebe ist.

Nimm dein göttliches inneres Licht wahr, und bitte es, sich auszudehnen. Stelle dir vor, wie das Licht der Liebe aus dem Herzenskern nach außen strömt, dein physisches Herz und jede deiner 40000 Herzzellen zum Leuchten bringt.

Lasse das heilsame Licht aus deinem Herzen weiter in die Brust und das Herzchakra fließen. Dein gesamter Brustkorb ist nun voller Licht und Liebe. Du kannst dieses Liebeslicht in deinen gesamten Körper senden, in jedes Organ, jede Zelle. Es ist zutiefst heilsam.

Wenn du willst, kannst du es auch zu einem Menschen schicken, der dir am Herzen liegt, und sogar die Erde damit einhüllen. Die Liebe aus deinem Herzenskern ist unendlich, ein Segen für dich, andere und die ganze Welt.

Bevor du die Augen öffnest, nimm einen tiefen Atemzug, dann kehre mit dem Segen der Liebe in die äußere Welt zurück.

Wenn du eine schnelle und einfache Rückverbindung zu deinem Herzen brauchst, kannst du auch nur die Handflächen aneinanderreiben, bis sie warm sind, und sie auf deinen Herzbereich legen. Du wirst spüren, wie beruhigend und entspannend das ist.

SAGE JA ZU DEINEM KÖRPER,
DEINEN GEDANKEN
UND DEINEN GEFÜHLEN.
INDEM DU DICH ANNIMMST,
WIE DU BIST,
SCHENKST DU DIR SELBST
LIEBE, MITGEFÜHL
UND ZUWENDUNG.

HALSCHAKRA – DEIN WEIBLICHER AUSDRUCK

In diesem Kapitel widmen wir uns deinem authentischen Selbstausdruck. Du wirst dich fragen: »Was möchte ich mit der Welt teilen? Welche Spuren möchte ich hinterlassen?« Du nimmst dir die Freiheit, die zu sein, die du bist, und bringst deine Essenz klar und stimmig nach außen. Dein einzigartiger Ausdruck ist dein Geschenk an die Welt.

Das Halschakra, das sich etwas unterhalb des Kehlkopfes befindet, ist das Energiezentrum des Sprechens und Zuhörens. Es schenkt uns die Kommunikation, das Wort und den Klang. Sein Element ist der Äther (Raum), durch den die akustischen Signale übertragen werden. Mit diesem Chakra treten wir ein in noch höhere Schwingungsebenen. Durch das intuitive Hören ist es uns möglich, die Botschaften aus der Geistigen Welt zu empfangen.

Wir können uns nicht nur durch Worte ausdrücken, sondern auch über unsere Gestik und Mimik sowie zum Beispiel durch Malen, Tanzen oder Singen. Das Halschakra lädt uns ein, unser Innenleben zu offenbaren. Genau das stellt für viele Frauen eine große Herausforderung dar. Indem wir uns ihr stellen, ermöglichen wir es uns, unsere Gaben mit der Welt zu teilen und damit unser Potenzial zu leben.

Die Stimme ist das Instrument der Selbstbestimmung. Wir dürfen zu ihr zurückfinden, sie erheben und unsere Meinung kundtun. Genauso gehört dazu, dass wir unsere weibliche Identität und unsere Sexualität annehmen und ausdrucksvoll leben.
Der Hals ist eine Engstelle, ein Bereich, in dem sich die Energien verdichten. Manchmal sind sie so dicht, dass wir das Gefühl haben, wir hätten einen Kloß im Hals, eine geballte Ansammlung von Worten, die wir nicht auszusprechen wagen. All diese Energien dürfen wir aus unserem Halschakra herauslösen und es so für unseren authentischen Selbstausdruck befreien.

In unserem Inneren herrscht ein buntes Treiben: Gefühle, Bedürfnisse, Gedanken, Wünsche … Manchmal kann es ziemlich durcheinandergehen und unklar wirken. Durch das Aussprechen und Mitteilen klärt sich unsere innere Welt, und unser Denken und Fühlen werden in Einklang gebracht. Ausdruck ist ein heilsamer Selbstklärungsprozess.
Uns frei ausdrücken und erzählen zu können, was uns bewegt, was wir denken und fühlen, ist unendlich kostbar. Dazu brauchen wir Räume wie auch Menschen, die es uns erlauben, frei zu sein, uns so zu zeigen, wie wir wirklich sind. Unter Frauen ist das offene Sprechen sehr befreiend, vor allem, wenn es unsere Weiblichkeit, Sexualität und unsere Beziehungen betrifft. **Das, was wir miteinander teilen, verbindet uns.**

DIE ANGST, SICH ZU ÄUSSERN

In unserem Halschakra befinden sich noch viele Ängste, davor, etwas Falsches zu sagen, missverstanden zu werden, für Gesagtes ausgegrenzt und bestraft zu werden.
Es gab eine Zeit, wo wir Frauen frei waren, zu sprechen und zu predigen, bis es uns verboten wurde. Im ersten Brief des Apostels Paulus an die Korinther (Vers 14,33 und 14,34) steht geschrieben: »Wie es in allen Gemeinden der Heiligen üblich ist, sollen die Frauen in der Versammlung schweigen, es ist ihnen nicht gestattet, zu reden.« Die Kirche untersagte es uns, das Wort zu ergreifen. Genauso wurde es auch lange von der Politik praktiziert. So wurde in Liechtenstein als letztem Land Europas das Frauenstimmrecht erst 1984 wirksam.

Aber auch in der Familie hatten Mädchen und Frauen oftmals wenig Raum, sich zu zeigen und auszudrücken. Vielleicht bist du auch mit Sätzen aufgewachsen wie: »Sprich nicht, wenn du nicht gefragt wirst!«, »Du hast gar nichts zu sagen!«, »Nimm dich gefälligst zurück, und sei still!« All diese Aussagen können heute noch in uns wirken und unser Halschakra blockieren.
Genauso befinden sich dort Blockaden, die auf frühere Leben, Erlebnisse unserer Ahninnen wie auch auf kollektiv gemachte Erfahrungen von Frauen zurückzuführen sind.

Emotionen, die wir nicht verarbeiten konnten, sind nicht nur energetisch in uns vorhanden, sie sitzen auch in unserem Körper. Sobald er es nicht mehr schafft, diese Energien auszugleichen, können sie sich durch körperliche Symptome zeigen. Das ist die Sprache des Körpers. Er möchte uns mitteilen, was wir klären, heilen und damit wieder ins Gleichgewicht bringen sollten.

Bei Problemen im Halsbereich kann der Ursprung in der eigenen Geburt liegen wie einer die Luftzufuhr unterbindenden Nabelschnur, einer Saugglockengeburt oder dem Steckenbleiben im Becken. Weitere Beschwerden, die wir Frauen nur zu gut kennen und die mit festsitzenden Energien im Bereich des Halses zu tun haben können, sind: Schilddrüsenprobleme, Zähneknirschen, Stimmverlust, Kehlkopfentzündungen, Kiefergelenkschmerzen, Verspannungen im Nacken, Stimmbandentzündungen, belegte Stimme, häufiges Räuspern, Enge im Hals, Atemnot, keinen Ton hervorbringen.

Ich selbst habe seit meiner Kindheit immer wieder Heiserkeit und Stimmverlust erlebt. Diese Beschwerden legten sich erst, als ich begann, meine Bedürfnisse ernst zu nehmen und mich mitzuteilen. Ich erkannte, dass mein Halsthema mit einem früheren Leben zusammenhing. In einem Coaching fand ich mich in einer anderen Epoche als Priesterin wieder. Ich leitete eine Zeremonie und sprach heilige Worte, woraufhin ich mit dem Tode bestraft wurde.
Die Angst, die ich so lange in mir getragen hatte, von der ich nicht gewusst hatte, woher sie kam, löste sich in diesem Moment auf. Es war für mich eine tiefe Erkenntnis und eine immense Befreiung. Ob du an frühere Leben glaubst oder nicht, für mich hat es sich sehr real angefühlt, und meine Halsbeschwerden sind seitdem verschwunden.

Bei Frauen, die sich heutzutage auf den spirituellen Weg machen und ihre heilerischen Fähigkeiten wiederbeleben, tauchen häufig intensive Erinnerungen aus Vorleben auf, in denen sie verfolgt und umgebracht wurden.
Im Mittelalter wurden Frauen der Hexerei angeklagt, gefoltert und getötet. Besonders während des Dreißigjährigen Krieges wurden sie für Kältewellen, Hungersnöte und Epidemien verantwortlich gemacht. Es konnte jede Frau treffen, die etwas sagte, tat oder für etwas einstand, was einem anderen nicht passte, und aus Neid, Ärger oder Hass denunziert wurde.

Die Angst davor, etwas Falsches zu sagen, von anderen diskreditiert und verurteilt zu werden, sitzt im Halschakra. Auch wenn wir heute wissen, dass wir nicht mehr auf dem Scheiterhaufen landen, begleitet uns immer noch die Angst vor Verleumdung und Ausgrenzung. Wie häufig fragen wir uns: »Was sagen wohl die anderen dazu?«?
Das Halschakra wird uns vieles offenbaren, wenn wir uns aufmachen und nach außen gehen. Es zeigt uns auf, was wir noch erlösen dürfen, um zu unserer Selbstbestimmung zu finden.

ENTSPANNTER MUND – ENTSPANNTE YONI

Bei Frauen beobachte ich häufig, dass der Mund verkniffen ist, die Lippen sind fest zusammengepresst und schmal, so, als müsste jedes aufkeimende Wort krampfhaft zurückgehalten werden. In meinen Kursen rege ich die Teilnehmerinnen gern an, den Mund leicht zu öffnen, den Kiefer zu entspannen und einen tiefen Seufzer, einen Klang aus dem Herzen, hinauszulassen.
Wenn wir unsere Gefühle aus- statt unterdrücken wollen, empfiehlt es sich, den Mund beim Ausatmen zu öffnen. Wenn wir ihn fest verschließen, trennen wir uns vom Fühlen ab und sind im Kopf. Öffnen wir ihn, kommen die Gefühle ins Fließen, unser Bewusstsein wandert vom Kopf über den Hals hinunter ins Herz.
Ein entspannter, weicher Mund bedeutet Hingabe, Offenheit und Durchlässigkeit für all die Energie, die durch uns hindurchfließen will. Sie findet ihren Weg zum Ausdruck, wir lassen geschehen.

Der Kiefer ist über den Vagusnerv mit der Gebärmutter verbunden. Verspannungen im Kieferbereich bedeuten, dass auch Verspannungen im Schoßraum vorhanden sind. **Wenn du deinen Kiefer mitsamt der Zunge lockerst, lockerst du somit auch deine Yoni.** Die Energie kommt in den Fluss, und du wirst bemerken, dass dein Schoßraum sich entspannt und du lustvoller und sinnlicher wahrnimmst.

ÜBUNG

Deinen Kiefer lockern

Die folgenden Tipps helfen dir, den Kiefer und den Mund zu entspannen und die Energie fließen zu lassen. Achte im Laufe des Tages immer wieder darauf, ob dein Mund fest verschlossen ist und du Spannungen im Kiefer wahrnimmst.

- Öffne den Mund leicht, und lasse die Zunge locker heraushängen.
- Öffne den Mund weit, und gähne ein paarmal.
- Lasse den Mund geschlossen, die Lippen liegen aufeinander, zwischen der oberen und unteren Zahnreihe ist eine Lücke, und kreise ganz langsam drei- bis viermal mit der Zunge über das äußere obere und untere Zahnfleisch. Wechsle auch die Richtung.
- Öffne den Mund ein wenig, lege die Fingerkuppen der linken Hand an dein linkes Kiefergelenk und die der rechten Hand an dein rechtes Kiefergelenk. Streiche nun mit etwas Druck langsam nach unten, bis du den unteren Kiefer erreichst. Es kann sein, dass dabei ein leichter Schmerz auftritt. Wiederhole es drei- bis fünfmal, dann schließe leicht den Mund, und spüre nach.

ÜBUNG
Lippenbalsam

Diese Übung ist sehr sinnlich und kann auch auf deine Yoni anregend wirken. Du brauchst etwas Kokosöl und saubere Hände.
Setze dich aufrecht hin, und spüre in deinen Beckenboden hinein.
Gib etwas Kokosöl auf einen Zeigefinger, öffne leicht die Lippen, und beginne, sie sanft zu streicheln. Lasse dir Zeit damit. Erkunde die Form deiner Lippen, und gehe dabei auch immer wieder einmal zu deren feuchten Innenseiten.
Fahre so für zwei bis drei Minuten fort, dann stelle dir vor, jemand anderes würde dich auf diese Weise liebkosen.
Spüre nach. Hat sich etwas verändert? Was nimmst du in deiner Yoni wahr? Spürst du, dass sich dein Schoßraum geöffnet hat?

SEI EHRLICH ZU DIR SELBST

Im Halschakra begegnen wir auch der Lüge und Täuschung. Wie oft sprechen wir nicht ehrlich aus, was wir denken und fühlen, halten unsere Meinung zurück aus Angst, andere zu enttäuschen oder zu verletzen? Wenn es Menschen betrifft, mit denen wir zusammenleben oder arbeiten, kann das auf Dauer sehr belastend sein.

Genauso wichtig ist es, aufrichtig zu uns selbst zu sein und die eigenen Gefühle ernst zu nehmen. Häufig entschuldigen wir das Verhalten anderer und übergehen damit uns selbst. Bestimmt kennst du auch Gedanken wie: »Er wird sich schon noch ändern«, »Das meint sie nicht so«, »Das ist gar nicht so schlimm« … Damit täuschen und belügen wir uns.

Wenn wir unsere Bedürfnisse, Gefühle und Meinungen zurückhalten, halten wir auch einen wichtigen Teil unserer Persönlichkeit zurück. Wir zeigen uns nie ganz und wahrhaftig. Diese Zurückhaltung wirkt sich auf unser Halschakra aus, was wiederum zu Erkrankungen der Schilddrüse führen kann – ein häufiges Problem von uns Frauen. Dieses kleine, schmetterlingsförmige Organ steht für die Kommunikation unserer Gefühle und Bedürfnisse, und ihr Thema ist »Entfaltung«. Sie will, dass wir unser Recht wahrnehmen, uns frei zu äußern und auszudrücken.

Wenn wir uns zeigen, wie wir wirklich sind, dann sind wir echt. Echt zu sein, schafft ein großes Kraftfeld im Außen, das genau das anzieht, was zu uns passt. All das, was nicht stimmig ist, nicht unserer Wahrheit entspricht, entfernt sich von uns. **Wahrhaftigkeit bringt vieles ans Licht. Sie zeigt uns auf, wer bereit ist, uns auf unserem Weg des Erblühens zu begleiten.**

ÜBUNG
Ehrlich mit dir sein

Sei eingeladen, folgende Fragen ehrlich zu beantworten:

- In welchem Lebensbereich bin ich noch nicht ehrlich zu mir selbst?
- Was dürfen andere von mir nicht wissen?
- Welche meiner Facetten zeige ich nicht im Außen?
- Was spreche ich nicht aus?
- Bei wem oder zu welchen Themen halte ich mich noch zurück?
- Welche Worte kommen mir nicht über die Lippen?
- Was hindert mich daran, mich frei zu äußern?

LIEBEVOLLE KOMMUNIKATION

Das Halschakra steht für Kommunikation und ermöglicht Verständigung und Verständnis. Durch deinen Ausdruck verbindest du dein Innenleben mit dem Außen, er ist die Voraussetzung für harmonische Beziehungen. Um sie zu erschaffen, bedarf es liebevoller Kommunikation.
Diese geschieht nicht nur über Worte, sondern auch über Berührungen und Blicke. Nimm dir Zeit, die, die dir nahestehen, zärtlich anzusehen, zu berühren und zu umarmen. Zeige ihnen, wie wichtig sie dir sind und wie gern du mit ihnen verbunden bist. Über diese Gesten kommt sehr viel Herzensenergie zum Ausdruck, wodurch deine Beziehungen inniger werden.

Das gilt auch für die Beziehung zu dir selbst und damit für deine Selbstliebe. Für die Selbstliebe ist es wichtig, achtsam in dich hineinzulauschen, auf die Signale deines Körpers genauso zu hören wie auf die Botschaften deiner Seele.
Kennst du das Sprichwort »Das Herz auf der Zunge tragen«? Je freier dein Hals ist, desto offener kannst du mitteilen, was dein Herz berührt. Durch ein offenes Halschakra entsteht eine klare Verbindung zwischen Herz und Verstand. Beide arbeiten gut zusammen und unterstützen dich in deinem authentischen Selbstausdruck.
Je reiner dein Herz ist, desto reiner werden auch deine Worte. Zwischen deinem Herz- und deinem Halschakra entsteht eine Wechselwirkung:
Reine, liebevolle Worte erfüllen dein Herz, dein liebevolles Herz schenkt dir wiederum die stimmigen Worte.

ÜBUNG

Kopf und Herz verbinden

Diese Übung unterstützt dich in der stimmigen Kommunikation zwischen Kopf und Herz.
Lege eine Hand auf dein Herzchakra, die andere auf dein Stirnchakra.
Atme gleichzeitig in beide Hände hinein.
Stelle dir einen Lichtstrahl vor, der dein Herz-, Hals- und Stirnchakra miteinander verbindet. Über diesen Lichtstrahl fließen die Energien von unten nach oben und von oben nach unten.
Nimm wahr, wie dein Hals offener, durchlässiger und freier wird. Er lässt alles fließen, alles findet seinen Weg. Sprich innerlich: »Kopf und Herz sind miteinander verbunden. Meine Kommunikation ist eins.«

Uns Frauen liegt das Zuhören. Manchmal nehmen wir über die Ohren jedoch so viel in uns auf, dass wir zu sehr auf das hören, was andere uns sagen. Wir verlassen uns nicht mehr auf die eigene innere Stimme, sondern auf die Stimmen im Außen. Wir orientieren uns an den Meinungen anderer, statt unserer eigenen Wahrheit zu folgen.
Den Zugang zu deiner inneren Wahrheit findest du, indem du wieder lernst, dir selbst zuzuhören. Werde still, und richte deine Aufmerksamkeit nach innen. Nimm wahr, was in dir vorgeht. Was du im Körper spürst. Welche Gefühle und Gedanken da sind. Welche Bedürfnisse sich dir zeigen. Was aus deinem Herzen kommt.
Jede Frage, die dich beschäftigt, kannst du selbst beantworten, indem du dich verbindest: mit deinem Herzen, deiner Yoni, deinem Körper, deiner Intuition, deiner Seele und der Geistigen Welt. Kommunikation ist grenzenlos, und das Halschakra ist unser Sprachrohr.

ÜBUNG

Sprich mit deiner Yoni

Indem du in dich hineinhörst, kannst du auch mit deiner Yoni kommunizieren und sie in jeder Lebenssituation befragen. Sie antwortet dir genauso wie dein Herz oder dein Verstand und ist dir eine weise Ratgeberin.

Verbinde dich zuerst mit deinem Herzen. Reibe dazu die Handflächen aneinander, bis sie warm sind, lege sie auf den Bereich deines Herzens, und schenke ihm Aufmerksamkeit. Damit aktivierst du deine Liebe und dein Fühlen.

Erwärme deine Handflächen erneut, und lege sie auf deinen Schoß. Spüre hinein, und widme der Yoni deine ganze Aufmerksamkeit.

Frage deine Yoni zunächst, wie sie dir ein Ja signalisiert. Was nimmst du wahr? Dann frage sie, wie sie ein Nein äußert. Was nimmst du jetzt wahr? Stelle ihr einige Fragen, die sich mit Ja oder Nein beantworten lassen, zum Beispiel:

- Bist du erfüllt?
- Magst du Berührung?
- Hast du Lust?
- Magst du Person XY?

Dann kannst du die Kommunikation mit deiner Yoni vertiefen, indem du ihr offene Fragen stellst:

- Wie fühlst du dich, liebe Yoni?
- Was kann ich Gutes für dich tun?
- Wie kann ich dir sexuelle Erfüllung schenken?

Es ist möglich, dass du die Antworten hörst, fühlst oder plötzlich einfach weißt. Lasse sie in dir aufsteigen und in dein Bewusstsein kommen.

Der Körper reagiert sehr deutlich auf Gesprochenes. Probiere es doch einmal aus, am besten mit geschlossenen Augen, weil du dann mehr im Spüren bist. Sage laut »Stress«, und nimm wahr, was sich in deinem Körper verändert. Nimm dann einen tiefen Atemzug, und sprich »Liebe«. Was geschieht jetzt? Bestimmte Wörter bewirken, dass du dich entspannst, andere hingegen erzeugen eine innere Anspannung.
Jedes Wort hat einen Klang und eine Schwingung. Das, was du sagst, aber auch, was du denkst, erschafft ein Schwingungsfeld, das sich sowohl auf den physischen Körper als auch auf das Umfeld auswirkt. Ein Wort ist wie ein Stein, der ins Wasser fällt und Kreise zieht, es schwingt in dir weiter.

Die Arbeit mit Affirmationen kann dich in deiner Schwingungserhöhung unterstützen. Es handelt sich dabei um Sätze, die in dir positive Gefühle und damit positive Schwingungen auslösen. Wähle eine Affirmation, zu der du eindeutig Ja sagen kannst, zum Beispiel: »Ich liebe meine Weiblichkeit« oder: »Ich lebe meine Weiblichkeit jeden Tag etwas mehr«. Bei welcher Affirmation kommt ein inneres Ja?
Auch bestimmte Klänge und Töne können dich dabei unterstützen, dein Schwingungsfeld zu erhöhen, indem sie Heilfelder erzeugen, die die Zellen zum Schwingen bringen.

SPRECHEN BEFREIT

Viele Frauen berichten mir, dass es für sie schwierig sei, mit dem eigenen Partner zu sprechen und sich über Gefühle auszutauschen, vor allem, wenn es um die Themen »Sexualität«, »Lust« und »Sinnlichkeit« geht. Oft herrscht im Bett Funkstille. Wir haben Hemmungen, dem anderen mitzuteilen, welche Berührungen wir uns wünschen, welche erotischen Fantasien wir in uns tragen, was uns keine Lust beschert, vielleicht sogar schmerzt.

Hier und in allen anderen Belangen kann es hilfreich sein, eine Gesprächskultur zu etablieren, in der es nicht um Lösungen, sondern um das reine Mitteilen geht. Ziel ist es, von allen Beteiligten den Druck zu nehmen, etwas tun zu müssen. Es geht um Präsenz, Verständnis und Interesse am anderen.
Vereinbart, wie viel Zeit jeder bekommt, um zu sprechen, ohne unterbrochen zu werden. Meine Empfehlung sind fünf bis zehn Minuten. Nachdem ihr euch nacheinander geäußert habt, kann jeder noch für zwei bis drei Minuten auf das Gehörte eingehen. Als besonders schön empfinde ich es, wenn zum Abschluss jeder dem anderen für seine Offenheit dankt.

Sich einander zu offenbaren, schafft eine große Vertrautheit und Nähe. Ich durfte das mit meinem Mann letztes Jahr erleben. Wir waren gemeinsam im Camper in der Toskana unterwegs und fuhren durch ein großes Schlagloch, wodurch unser Fahrzeug komplett blockierte. Nachdem ein Mechaniker das Problem gelöst hatte, fuhren wir weiter in ein altes Dorf. Dort setzten wir uns in ein Café und nahmen das Schlagloch als Anlass, darüber nachzudenken und uns auszutauschen, was uns aktuell in unserer Partnerschaft ausbremste. Wir beide offenbarten etwas, vor dem wir große Angst hatten, es zu erzählen. Wir machten reinen Tisch, befreiten und erlösten unser Herz. So kam es, dass am Ende nicht nur unser Camper wieder in Fahrt kam, sondern auch unsere Beziehung. Wir fanden noch mehr zueinander.

Sprechen befreit und erlöst. Ehrlichkeit und Wahrhaftigkeit können eine Beziehung auf eine neue Ebene bringen. Oft ist die Angst vor dem, was passieren könnte, auch umsonst. Natürlich kann es sein, dass durch unsere Ehrlichkeit beim anderen etwas ausgelöst wird, er sich vielleicht sogar von uns abwendet. Aber wenn es nicht ausgesprochen wird, wird es immer zwischen uns und dem anderen stehen, wodurch sich kaum echte Nähe entwickeln kann.

ÜBUNG

Befreie dein Halschakra

Mit dieser Übung kannst du dein Halschakra befreien, und zwar sowohl von den eigenen unausgesprochenen Worten als auch von den Wahrheiten und Überzeugungen anderer Menschen. Sie alle blockieren unsere Entwicklung und unser Erblühen.
Nimm ein Blatt Papier und einen Stift, und schreibe auf:

- was unausgesprochen, untragbar ist,
- was nicht deiner Wahrheit entspricht,
- was du für andere trägst.

Notiere zehn Minuten oder länger alles, was kommt. Atme währenddessen immer wieder tief ein und aus.
Lies es dir danach in Ruhe durch. Segne und würdige es, bedanke dich für die Erkenntnisse. Dann verbrenne das Blatt in einer feuerfesten Schale. Nimm abschließend noch einen tiefen Atemzug, und spüre nach, was sich in deinem Hals bzw. Halschakra verändert hat.

ÜBUNG

Befreiung ohne Worte

Du kannst Spannungen und Blockaden im Halschakra wie auch in allen anderen Energiezentren aus dir hinaustönen. Dafür brauchst du keine Worte, keine Begriffe. Du musst auch nicht wissen, worum genau es sich handelt. Es genügt, deinen Mund mit der Absicht zu öffnen, alles, was dein Chakra in seiner Entfaltung blockiert, zu entlassen.
Folgende Vokale wirken auf die Chakras:

- U auf das Wurzel- und Sakralchakra
- O auf das Solarplexuschakra
- A auf das Herzchakra
- Ä auf das Halschakra
- I auf das Stirn- und Kronenchakra

Du kannst deine Aufmerksamkeit nur auf ein Chakra richten und den entsprechenden Vokal tönen. Oder du wendest dich zunächst dem Wurzel- und dem Sakralchakra zu, tönst den Vokal U und fährst anschließend mit dem nächsten Energiezentrum fort. Du kannst sie alle von unten nach oben und dann noch einmal von oben nach unten durchtönen. Spüre den Vibrationen im Körper nach.
Wenn du willst, lasse auch jeweils einen anderen Ton aus dir heraus entstehen. Variiere ihn in der Lautstärke und Geschwindigkeit. Vertraue, und lasse ihn erklingen. Auch Seufzen ist sehr hilfreich für das Loslassen.
Eine weitere Möglichkeit besteht darin, vom Tönen in eine Fantasiesprache überzugehen, ins Gibberish. Sie wurde von Osho geprägt und ursprünglich von einem Sufi-Mystiker namens Jabbar erfunden. Sprich in einer Sprache, die du nicht kennst. Flüstere, lache, schimpfe, sei laut, werde still … Bewege dabei deinen Körper, wie er es will. Du gibst deinem Innenleben Ausdruck, befreist dich, ohne dir weitere Gedanken zu machen. Du musst nicht wissen, woher es kommt, was es bedeutet, musst nichts verstehen, sondern es nur aussprechen.

AUSDRUCK DEINER ESSENZ

Durch ein harmonisches Halschakra kannst du dich frei ausdrücken und deine Essenz verströmen. **Deine Wahrhaftigkeit bringt dich zum Strahlen.** Du bist einzigartig: in deiner Wortwahl, deinem Ausdruck, deinem ganzen Sein. Das Teilen deiner Essenz mit der Welt ist ein wichtiger Dienst. Es gehört zu deinen Aufgaben in diesem Leben. Andere lichtvolle Seelen können dich nur finden, wenn du dein eigenes Licht zeigst.
In welcher Form drückst du dich gern aus? Wie bringst du deine Energie am liebsten nach außen? Vielleicht durch Worte oder Blicke, einen Podcast, Reels oder etwas ganz anderes? Ausdruck kann sehr vielseitig sein.

Wie mein erstes Buch entstand, weißt du bereits. Was ich dir noch nicht erzählt habe, ist, dass ich überzeugt davon war, nicht schreiben zu können. Wie ich damit umgegangen bin? Ich habe es trotzdem gemacht, Ja zu der neuen Erfahrung gesagt und der alten Überzeugung keine Energie mehr gegeben. Auch so können wir mit Blockaden umgehen. Manchmal jedoch sperren wir uns gegen etwas, was sich durch Halsstarrigkeit (Nackenstarre) äußern kann. Oder wir ziehen den Kopf ein und wollen uns unsichtbar machen. Weil wir noch nicht bereit sind, Ja zu etwas Neuem zu sagen, verharren wir im Alten.

Stelle dir folgende Frage: »Wo bin ich noch nicht bereit, ein Ja auszusprechen?« Dann frage dich: »Was hält mich noch zurück?«
Ob es um deine Weiblichkeit, einen anderen Menschen, eine Veränderung, das Loslassen, Vertrauen, eine deiner Gaben oder etwas anderes geht, die Übung »Über die Schwelle treten« (S. 79) kann dir den entscheidenden Impuls für dein Ja geben. Sage laut und klar: »Ja, ich bin bereit für …« Du wirst spüren, wie kraftvoll es ist, deine Zustimmung auszusprechen.

HALTE DICH NICHT MEHR ZURÜCK,
WERDE SICHTBAR,
UND ZEIGE,
WER DU WIRKLICH BIST.
FINDE ZU DEINEM EINZIGARTIGEN,
STIMMIGEN AUSDRUCK,
UND LASSE DEINE ESSENZ
LICHTVOLL ERSTRAHLEN.

STIRNCHAKRA – DEINE WEIBLICHE INTUITION

In diesem Kapitel richten wir den Blick auf deine Intuition und schöpferische Manifestationskraft. Du verabschiedest dich von Begrenzungen, klärst deinen Geist und vertraust deiner inneren Führung. Über deine intuitiven Sinne empfängst du die Botschaften deiner Seele und der Geistigen Welt. Durch die Kraft der Visionen und inneren Bilder gestaltest du deine Wirklichkeit.

Mit dem Stirnchakra tauchen wir ein in die Dimensionen des reinen Bewusstseins. Es schenkt uns den wachen, schöpferischen Geist, der auch sein Element ist. Der Sitz dieses Energiezentrums ist oberhalb der Augenbrauen in der Stirnmitte. Durch das »Dritte Auge«, wie das Stirnchakra ebenfalls genannt wird, können wir intuitiv Bilder empfangen, mit geistigen Wesen und lichtvollen Welten in Kommunikation treten und unsere Vorstellungskraft für die Manifestation nutzen.

Intuition ist weiblich, denn Intuition bedeutet, zu empfangen. Sie lässt uns hinter den Vorhang der Illusionen schauen, und wir erkennen, worum es wirklich geht. Dafür bedient sie sich unserer Hellsinne. Diese umfassen das intuitive Sehen, das dem Stirnchakra zugeordnet ist, das intuitive Fühlen, Hören und Wissen.

Wenn ich auf meine Tätigkeit als Seminarleiterin zurückblicke, hat es in den letzten Jahren eine enorme Entwicklung der intuitiven Fähigkeiten bei meinen Teilnehmerinnen gegeben. Es braucht kein jahrelanges Üben und Meditieren mehr, um intuitiv Botschaften zu empfangen. Sie sind einfach da. Um sie leichter wahrzunehmen, kann eine Gruppe hilfreich sein, in der die Schwingungen höher und intensiver sind. Auch die Neugierde und vor allem die Bereitschaft, ihr Raum zu geben, sind wesentlich für die Entwicklung der eigenen Intuition.

Nicht mehr der Verstand, sondern die Intuition wird uns in Zukunft den Weg weisen. Sie offenbart uns den Zugang zu unserer inneren Wahrheit. »Was will das Leben von mir?« – diese Frage werden wir uns häufiger stellen, wenn wir unserer inneren Führung vertrauen. Es geht darum, zu lernen, die Sprache unserer Seele zu verstehen und die Botschaften der Geistigen Welt wahrzunehmen. Wir öffnen uns für die Zeichen, die uns das Universum schenkt. Den Verstand werden wir weiterhin als nützliches Werkzeug gebrauchen. Er wird uns aber nicht mehr die Richtung vorgeben.

Das Sakralchakra steht in direktem Zusammenhang mit dem Stirnchakra. Beide sind schöpferische Energiezentren. Die Kreativität, Freude und Lust aus dem Schoßraum beflügeln die geistigen Fähigkeiten. Gleichermaßen fallen uns die geistigen Lichtsamen in den Schoß, wo sie fruchtbaren Boden finden und zu Neuem heranreifen.

Wir dürfen unserer inneren Führung vertrauen. Über das Herz und die Zirbeldrüse stehen wir im permanenten Austausch mit der Seele und den höheren Energien. Wenn wir unsere Visionen realisieren wollen, sollten wir unsere Intuition und Herzenskraft miteinbeziehen. Sie bringen die lichtvollen Impulse auf die Erde und dienen der Entfaltung unseres Seelenlichtes. Ohne sie handeln wir kopfgesteuert und egobetont, was keine wirkliche Erfüllung bringt. Ich erlebe häufig, dass Menschen sich ein Ziel setzen, ohne zuvor hineinzuspüren, ob es auch aus dem Herzen und damit aus der Seele kommt.

DAS NEUE BEWUSSTSEIN

Das Bewusstsein der Menschheit wandelt sich, und zwar schon allein deshalb, weil sich die Schwingungen auf der Erde wandeln, sich das Magnetfeld unseres Planeten verändert und ihn vermehrt kosmische Strahlungen erreichen. Auch unser eigenes Energiefeld ist in permanenter Anpassung und bereitet sich darauf vor, sich in ein neues Bewusstsein aufzuschwingen. Wir werden lichter, klarer und luftiger. Wir erwachen.

Mit der Konjunktion von Jupiter und Saturn am 21.1.2020 haben wir astrologisch die Epoche des 200-jährigen Erdzeitalters verlassen und sind in das Luftzeitalter eingetreten. Luft ist das Element des Herzchakras, es steht für die Verbindung, die Seele und für die feinstoffliche, geistige Energie. Somit richtet sich der Fokus nicht mehr auf die Materie und das Materielle, sondern auf das spirituelle Erwachen.

Besonders unser irdischer Körper ist aufgefordert, sich diesen neuen Energien anzugleichen. Es geschieht viel Aufräumarbeit auf physischer, emotionaler und mentaler Ebene, also im Bereich der unteren Chakras. Wir dürfen den Ballast abwerfen, der uns daran hindert, höher zu schwingen und in ein neues Bewusstsein zu gelangen. Dadurch steigt noch mehr Lebensenergie in die höheren Chakras empor, und wir werden auf all jene Themen aufmerksam gemacht, die noch im Schatten liegen.
All das, was wir nicht wahrhaben wollen, all die verdrängten, unangenehmen Aspekte kommen an die Oberfläche, genauso die unerlösten Themen und Traumata, die wir selbst in diesem oder früheren Leben oder die unsere Ahnen erfahren haben. Je lichter unsere Energie wird, desto sichtbarer werden die Schattenthemen. Wir lassen uns nicht mehr täuschen, weil wir die Wahrheit erkennen wollen. Unser Blick klärt sich zunehmend, und wir können die Schleier der Täuschungen durchschauen. Wir befreien unser Denken, und unsere Sichtweisen verändern sich.

Illusionen als solche zu erkennen, kann aber auch schmerzhaft sein. So mag es manchmal noch vorkommen, dass wir es vorziehen, sie aufrechtzuerhalten, anstatt uns die Wahrheit einzugestehen. Wir beschönigen die Partnerschaft oder Freundschaft, täuschen uns darüber hinweg, dass uns die Arbeit nicht erfüllt, oder verdrängen, dass unser Gesundheitszustand nicht der Beste ist. Wir reden uns ein, dass alles gut sei, wie es ist. Genauso halten wir noch an starren Rollenbildern fest und versuchen, diesen zu entsprechen.
Das Stirnchakra fordert uns auf, unsere Masken fallenzulassen, die Rollen abzulegen und unsere Essenz zu leben. Wir können unseren Geist nutzen, um unsere Fixierungen und Begrenzungen zu hinterfragen und unser wahres Sein zu erkennen.

Eine höhere, erweiterte Perspektive macht den Weg frei. Stelle dir vor, du befindest dich in einem Labyrinth, suchst den Ausweg, endest aber immer wieder in einer Sackgasse. Mit der Qualität des Stirnchakras schaust du von oben auf das Labyrinth hinab. Du siehst, wo du dich befindest, in welche Richtung es nicht weitergeht und wo sich der Ausgang befindet. Du wirst aufhören, herumzuirren, dich im Kreis zu drehen und immer wieder dieselben Erfahrungen zu machen. Du musst keine Ehrenrunden mehr drehen, sondern kannst sofort in das nächste Level aufsteigen.

An dem Tag, als ich das Kapitel zum Stirnchakra zu schreiben begann, haben mein Mann und ich eine Wanderung durch die winterlichen Berge unternommen. Wir hinterließen unsere Spuren im reinen, unberührten Schnee, schauten hinab ins Tal und sahen eine dicke Nebeldecke, über der die Sonne strahlte. Der Schnee wirkte wie ein unbeschriebenes, weißes Blatt Papier. Er half mir, meinen Geist zu klären. Schritt für Schritt ging ich weiter, und Ideen flossen mit Leichtigkeit zu mir. Wenn ich in Bewegung bin, habe ich oft Geistesblitze zu Projekten, Seminaren oder Büchern. Vieles kommt einfach zu mir.

Im Gehen wie auch bei anderen rhythmischen Bewegungen wird die Vernetzung der Gehirnhälften gestärkt, und beide werden in einen kohärenten wie auch meditativen Zustand gebracht. Gepaart mit den Gefühlen von Freude und Dankbarkeit sind wir dadurch offener für intuitive Eingebungen und Wahrnehmungen.
Wenn wir uns hingegen Sorgen und Gedanken machen und innerlich aufgewühlt sind, entsteht eine Art von Nebeldecke im Kopf, die uns von der Intuition abtrennt. Zu viel Denken trübt den Geist, und wir verlassen sozusagen unseren Körper, sind nicht mehr präsent, spüren uns nicht mehr. Diese Kopflastigkeit kann sich auch durch Kopfschmerzen und Migräne bemerkbar machen.

Die Sonne symbolisiert das reine, klare Bewusstsein, das die Kraft hat, die Nebeldecke zu durchdringen und aufzulösen. Für uns Frauen ist es sehr wichtig, immer wieder den Geist zu klären, den Informationsfluss von außen abzustellen, uns zurückziehen und mit den himmlischen Energien zu verbinden.
Ein reiner Geist erzeugt reine Gedanken, reine Worte und ein reines Herz. Wir müssen nicht stundenlang meditieren, bis alle Gedanken stillstehen. Es genügt, wenn wir die Aufmerksamkeit nach innen lenken und uns über unser Herz mit dem göttlichen Sein verbinden. Dabei kann uns die Natur sehr gut unterstützen.

ÜBUNG

Vom Denken ins Fühlen

Wenn du zu viel im Denken bist, kann diese Übung hilfreich sein.
Die rechte Gehirnhälfte ist der Intuition, den Gefühlen und der weiblichen Energie zugeordnet, die linke dem Verstand und dem Denken. Häufig ist unsere linke Gehirnhälfte aktiver. Wenn wir die Balance zwischen beiden herstellen, können Intuition und Verstand gut zusammenarbeiten.
Schließe die Augen, und stelle dir vor, dass sich in deinem Kopf eine liegende Acht befindet, die deine Gehirnhälften verbindet. Goldenes Licht strömt durch die liegende Acht. Es kreist von links nach rechts und von rechts nach links. Lasse es in einem Tempo fließen, das für dich angenehm ist. Stelle dir vor, dass das Licht ein paarmal aufleuchtet, und sprich: »Meine rechte und meine linke Gehirnhälfte sind verbunden und in vollkommener Harmonie.«
Nimmst du in deinem Kopf etwas wahr? Vielleicht ein leichtes Kribbeln oder wohltuende Wärme? Mache diese Übung für ein oder zwei Minuten, dann öffne die Augen, und spüre nach.

Je mehr deiner Lebensenergie auch die oberen Chakras erreicht, desto höher schwingst du. Dein Energiefeld verändert sich, es wird klarer, reiner und lichtvoller. Höhere Schwingung zeigt sich in Freude, Leichtigkeit, Eigenverantwortung, Liebe, Führung, Seelenenergie und viel, viel Licht.

Du wirst wahrscheinlich die Erfahrung machen, dass nicht alle Menschen damit klarkommen und versuchen werden, dich wieder auf ihre Ebene zu bringen. Sie werden nach deinen Schwachpunkten suchen oder dir mehr oder weniger klar zu verstehen geben, dass du auf dem falschen Weg bist. Vielleicht wirst du dich ihren Schwingungen anpassen – ob aus Angst davor, dir wichtige Menschen zu verlieren, oder einfach aus Gewohnheit.

Eine reflektierte Selbstwahrnehmung lässt dich erkennen, worum es wirklich geht. Frage dich: »Ist das mein oder deren Thema? Wer hat das Problem, ich oder der andere?« Schaue genauer hin, und stelle dir die Frage: »Was zeigen mir andere Menschen bzw. Situationen auf?«

Auch ich habe mich in letzter Zeit immer wieder dabei ertappt, dass ich mich anderen anpasse. Bei einem Spaziergang bat ich die Natur, mir ein Zeichen zu senden, durch das ich Klarheit in Bezug auf dieses Thema erlangen konnte. Auf meinem Weg fiel mir ein Baum auf, in dessen Krone hoch oben sich ein Vogelnest befand. Da kam mir die folgende Erkenntnis: Die Aufgabe besteht darin, sich nicht mehr hinunterziehen zu lassen, sondern in der eigenen Schwingung oben zu bleiben.

Viele Frauen haben sich auf den Weg in ein neues Bewusstsein gemacht. Sie bilden sich weiter, befreien sich von ihrer Vergangenheit, empfangen Herzensbotschaften und folgen ihrer Intuition, um ein liebevolles, erfülltes Leben zu führen. Dabei fragen sie sich, was passiert, wenn nur sie sich weiterentwickeln und ihr Partner kein Interesse daran hat, es ihnen gleichzutun.
Wenn wir Frauen in unserer höheren Schwingung bleiben, greift ein universelles Gesetz: Höhere hebt niedere Schwingung an. Das bedeutet, dass die Menschen, mit denen wir zusammenleben, von unserer Energie profitieren, sofern sie sich dafür öffnen.
Zudem hat jeder Mensch seine eigene Art und Weise, sich weiterzuentwickeln. Manchmal ist es so, dass der weibliche Weg nicht dem männlichen entspricht. Der Partner sollte also den seinigen selbst wählen dürfen. Wir sollten ihm erzählen, was uns bewegt, was in uns geschieht, damit er unsere Entwicklung nachvollziehen und sich von ihr inspirieren lassen kann. Was wir auch tun können, ist, ihn einzuladen, gemeinsam mit uns zu wachsen. Wenn er das ablehnt, wird es wahrscheinlich immer schwieriger werden, die Partnerschaft aufrechtzuerhalten.

Bleibe also bei dir, mit dir verbunden, in deiner eigenen Schwingung. Wenn du in der Freude bist, dann darfst du diese auch leben. Wenn du weißt, du kannst etwas schaffen, dann lasse dir nicht einreden, dass dem nicht so ist. Gehe deinen Weg weiter, wenn du dir seiner sicher bist. Folge deiner inneren Führung, nicht den Stimmen von außen. Wenn du einen Rat von jemandem brauchst, dann hole in dir, spüre aber immer hinein: »Entspricht das meinem Sein?«

Umgib dich mit Menschen, die gleich oder höher schwingen. Von ihnen kannst du viel lernen, denn sie helfen dir, dich weiterzuentwickeln, lichter und glanzvoller zu werden.

ÜBUNG

Deine Energie erhöhen

Häufig bleiben wir in alten Mustern, im alten Umfeld hängen, weil wir es einfach so gewohnt sind. Wir machen uns keine Gedanken, dass vielleicht etwas anderes besser zu uns und unserem Entwicklungsweg passen könnte.

Die folgenden Fragen helfen dir, zu reflektieren. Wenn du erkennst, dass etwas nicht mehr stimmig ist, deine Energie hinunterdrückt und dich daran hindert, die Frau zu sein, die du sein willst, verändere es.

- An welchen Orten verbringst du deine Zeit?
- Mit welchen Menschen umgibst du dich?
- Wo kaufst du ein oder lässt dir die Haare schneiden?
- Welche Seminare besuchst du?
- Wo gehst du Kaffee trinken und essen?
- Womit beschäftigst du dich?
- Welche Social-Media-Kanäle hast du abonniert?
- Welche Bücher liest du?
- Welche Filme und Serien schaust du?
- Welche Musik hörst du?
- Wie kleidest du dich?

DIE ZEICHEN ERKENNEN

Ich habe viele Frauen begleitet, die ihrer Intuition folgen wollten. Die häufigste Frage von ihnen war: »Kann ich dem, was ich wahrnehme, auch vertrauen?« Das Vertrauen wächst in dem Ausmaß, in dem wir uns mit der Intuition beschäftigen, sie zurate ziehen und sie somit trainieren und verfeinern.
Du kannst deine Intuition für das alltägliche Leben nutzen und sie ganz praktisch bei Entscheidungen, Problemen und Herausforderungen einsetzen. Sie hilft dir dabei, körperliche, emotionale und seelische Themen zu erkennen und zu lösen. Genauso schenkt sie dir auch Informationen über deine Entwicklung, dein Potenzial und deine Bestimmung. Deine Intuition ist dein inneres Navigationssystem, und je mehr du ihr vertraust, desto klarer wirst du ihre Zeichen erkennen und ihnen folgen können.

Beim Schreiben dieses Buches kommt mir meine Intuition zugute. Ich empfange die Impulse einfach dadurch, dass ich offen und empfangsbereit bin. Die Zeichen und Informationen kommen als Gedanken, Erfahrungen, im Austausch mit anderen Menschen, beim Lesen, während meiner Beratungen … So fügt sich Zeile für Zeile wie beim Weben eines Teppichs.

Das Stirnchakra empfängt, wenn wir uns dafür öffnen. **Wenn wir bereit sind, die geistigen Impulse anzunehmen, kommt uns das Universum entgegen und schickt uns unaufhörlich Zeichen.** Wir können lernen, sie wahrzunehmen und aus ihnen Erkenntnisse zu ziehen. Die Impulse unserer Seele wie auch der Geistigen Welt kommen manchmal scheinbar losgelöst daher und ergeben einzeln betrachtet nicht immer Sinn. Fügen wir sie jedoch zusammen wie die Teile eines Puzzles, entsteht ein vollständiges Bild.

Die Zeichen des Universums sind eine Bestätigung, dass wir uns auf dem richtigen Weg befinden. Das können zum Beispiel wiederkehrende Zahlenkombinationen, weiße Federn, Symbole oder Tiere sein.
Vor Kurzem habe ich ein Channeling für eine Klientin gemacht. Sie empfing die Audiodatei mit den Botschaften ihrer Seele von mir um 18:05 Uhr. Diese Uhrzeit war für sie ein klares Zeichen, denn nicht nur sie hatte am 18.5. Geburtstag, sondern auch ihr Vater und ihr Kind.
Immer klarer wirst auch du die Synchronizitäten in deinem Leben erkennen. Das sind Geschehnisse, die einen Zusammenhang haben und meist als »Zufälle« oder »Fügungen« bezeichnet werden. Das können wiederholte Begegnungen mit denselben Menschen sein oder übereinstimmende Informationen, die von verschiedenen Seiten zu dir kommen.

Frage dich, was bestimmte Geschehnisse mit deiner aktuellen Lebenssituation zu tun haben könnten und worauf sie dich aufmerksam machen wollen. Das Stirnchakra hilft dir, Begebenheiten zu verstehen und sie in einem größeren Zusammenhang zu sehen und zu deuten.
Wenn zum Beispiel der Körper mit einer Krankheit reagiert und wir sie isoliert als rein physisches Thema betrachten, ist es möglich, dass immer wieder dieselben Symptome auftauchen, sich vielleicht sogar mit jedem Mal intensivieren, bis wir schließlich bereit sind, umfassender hinzuschauen. Wir können die Krankheit ganzheitlich betrachten und verschiedene Aspekte miteinbeziehen wie unsere Gefühle, Herzenswünsche, Überzeugungen, Erfahrungen, unsere Familiengeschichte und früheren Leben, um den Ursprung der Krankheit zu erkennen – und damit auch den Weg zur Heilung.

Halte im Alltag immer wieder inne, atme tief durch, und lausche den Impulsen, die aus dem stillen Raum heraus entstehen. Nimm sie wahr, vertrauen ihnen, und handle entsprechend. **Deine Intuition führt dich sicher auf deinem Herzensweg.**

ÜBUNG

Empfange die Zeichen deiner Intuition

Das Stirnchakra offenbart sich vor allem in Form von Bildern und Symbolen. Sie sind die Sprache unseres Unterbewusstseins und unserer Seele. Diese Übung kannst du für jedes beliebige Thema machen.

Lege ein Blatt Papier und einen Stift bereit. Atme mehrmals tief und langsam über die Nase ein und aus. Lege dabei die Zunge an den Gaumen. Dadurch aktivierst du deine Zirbeldrüse und Intuition.

Wenn du spürst, dass du entspannt bist, atme natürlich weiter, schließe die Augen, und bitte um ein Bild oder Symbol für die Entfaltung deiner Weiblichkeit. Gib ihm Zeit, vor deinem inneren Auge zu entstehen.

Was siehst du? Erkennst du Farben und Formen? Nutze auch deine andere Sinne. Kannst du etwas hören, riechen, schmecken oder spüren? Kommt dir einfach so etwas in den Sinn? Nimm es nur wahr, du musst es noch nicht verstehen.

Dann öffne die Augen, und schreibe auf oder zeichne, was du empfangen hast. Reflektiere: Was kann dieses Bild oder Symbol bedeuten? Was zeigt sich dadurch, wird sichtbar? Manchmal ist es schwierig, es mit dem Verstand zu begreifen. Vertraue darauf, dass eine tiefere Ebene deines Seins weiß, was damit gemeint ist. Lasse das Bild oder Symbol auf dich wirken und dich von ihm inspirieren.

DIE ZIRBELDRÜSE – DEINE KOSMISCHE ANTENNE

Die Zirbeldrüse sitzt in der Mitte des Gehirns und ist unsere Verbindung zum Kosmos und zur Erde. Durch ihre hohe Konzentration an Magnetitkristallen wirkt sie wie eine Antenne. Sie richtet sich permanent auf das Magnetfeld der Erde aus und empfängt die Schwingungen des Lichtes aus dem Kosmos. Sie ist die Schaltzentrale, mit der wir durch unsere Intuition die universellen Impulse empfangen. Die Zirbeldrüse ist unserem Dritten Auge zugeordnet, durch sie wird unsere Hellsichtigkeit aktiviert und können wir höhere Bewusstseinszustände erreichen. Jedoch ist sie nicht nur für unsere spirituelle Entwicklung bedeutsam. Sie steuert auch die Hormontätigkeit im Körper, stabilisiert das Nervensystem und unterstützt die Zellregeneration.

Im Laufe der Zeit hat sich die Zirbeldrüse verkleinert, weil das logische Denken in den Vordergrund rückte und sie immer weniger genutzt wurde. Umwelteinflüsse wie Elektrosmog, Chemikalien in Kosmetika, Nahrung und Wasser, künstliches Licht, Lärm und Fluoride führen dazu, dass sie verkalkt. Weil unsere kosmische Antenne uns auch dabei unterstützt, uns zu erden, kann es zu einem Gefühl der Desorientierung, Verwirrung und Instabilität führen, wenn sie nicht mehr optimal arbeitet.
Die Zirbeldrüse ist ebenfalls verantwortlich für die Produktion von Serotonin und Melatonin, also jenen Hormonen, die unseren Schlaf-wach-Rhythmus regulieren. Viele Frauen haben einen unruhigen Schlaf oder liegen oft stundenlang wach, und das nicht nur in den Wechseljahren. Das kann daran liegen, dass ihr Verstand sie nicht zur Ruhe kommen lässt, sie das Gedankenkarussell nicht abschalten können oder dass ihre Zirbeldrüse in der Funktion gestört ist.

Sonnenlicht aktiviert die Zirbeldrüse. Daher sollten wir darauf achten, uns ausreichend draußen aufzuhalten – im Sommer vor allem in den frühen Morgen- oder Abendstunden, im Winter so oft wie möglich. Zudem bewirkt die Strahlung der Sonne, dass unser Körper Vitamin D bilden kann. Dieses hellt die Stimmung auf, stärkt das Immunsystem und die Knochen.

ÜBUNG

Sprich mit deiner Zirbeldrüse

Lege ein Blatt Papier und einen Stift bereit. Schließe die Augen, und atme in dein Stirnchakra (Stirnmitte oberhalb der Augenbrauen) ein und aus, damit du in einen ruhigen Zustand kommst.

Dann gehe mit der Aufmerksamkeit zur Mitte deines Kopfes. Dort befindet sich deine Zirbeldrüse. Lasse sie in deiner Vorstellung hell aufleuchten. Begrüße sie, und bedanke dich bei ihr für ihr Wirken.

Nun frage sie, was du ihr Gutes tun kannst, was sie braucht, damit sie optimal arbeiten kann. Schreibe ihre Antworten auf.

Die häufigsten Antworten, die meine Kursteilnehmerinnen erhalten, sind: Entgiftung, Reinigung, Ruhe, Meditation, Stille, Lachen, Freude, frische Luft, gesunde Nahrung, viel trinken. Es gibt also viele Möglichkeiten, deine Zirbeldrüse und damit deine Intuition zu fördern.

VON DER VISION ZUR MANIFESTATION

Im noch jungem Luftzeitalter haben wir eine vollkommen andere Energie als im vergangenen Erdzeitalter. Zuvor gab uns das, was wir besaßen, Sicherheit und Halt, genauso unsere Identität und unsere Rollen. Je luftiger die Energien jedoch werden, desto mehr lösen wir uns von der Materie und desto wichtiger ist es, klare Visionen zu haben, die uns den Weg weisen. **Wir orientieren uns nicht mehr am Außen, an dem, was uns andere sagen, sondern folgen unserem inneren Kompass.**
Eine Vision ist kein Bild, das du dir einfach ausdenkst, sondern ein Geschenk deiner Seele, getragen von der Kraft der Liebe, das viele Botschaften enthält. Deine Vision kann sich dir von Beginn an sehr klar zeigen oder aber zunächst etwas unscharf sein und erst im Laufe der Zeit deutlicher.

Schöpfung basiert immer auf demselben Prinzip: Die weibliche Energie vereint sich mit der männlichen. Somit braucht es die weibliche Urkraft (Erde, Gefühl), die männliche Urkraft (Himmel, Geist) und die Liebe. Anders ausgedrückt: Durch deine Herzensenergie werden die geistigen Samen von der fruchtbaren Erde aufgenommen, können wachsen und erblühen. Die Lichtsamen sind deine Vision, die du durch deine Liebe und Freude auf der Erde realisierst.

Wie kommst du zu einer schöpferischen Vision? Schenke dir Raum und Zeit, um sie zu empfangen. Stelle klare Fragen, und das Universum wird dir antworten mit Bildern, Zeichen, Impulsen und Ideen. Stille und ein meditativer Zustand können dich beim Empfangen genauso unterstützen wie die Bewegung in der Natur.
Die Bedeutung der Botschaften müssen dir nicht sofort klar sein, aber du solltest sie fühlen können. Spürst du Freude, Liebe oder Sehnsucht? Berühren die Botschaften dein Herz? Diese Energie ist wichtig, denn sie ist der Treibstoff für die Realisierung.

Eine Vision oder intuitive Botschaft kann auch vollkommen losgelöst zu dir kommen, also dann, wenn du es am wenigsten erwartest. Achte deshalb auf spontane Eingebungen, Geistesblitze, und bringe die Informationen sofort aufs Papier. Schreibe sie auf, oder male ein Bild. Das ist entscheidend, denn das ist der erste Schritt in die Handlung und damit in die Manifestation. Sobald du ihn gemacht hast, werden weitere Impulse folgen. Vertraue darauf. Es entsteht eine Co-Kreation zwischen dir und dem Universum.

Ich möchte dir erzählen, wie ich von der Vision zur Manifestation dieses Buches gekommen bin. Im Frühjahr nahm ich an einem Yoni-Seminar teil. In einer inneren Reise traten wir mit unserer Yoni in Kontakt und baten darum, dass sie sich als eine Blüte offenbart. Meine Yoni zeigte sich als spiralförmige, sich drehende Energie mit acht verschiedenfarbigen Blütenblättern. Zunächst malte ich sie mit geschlossener, dann mit geöffneter Blüte. Das Bild berührte mich tief und bekam zunächst den Titel »Quelle der Freude«. Als die Referentin mein Bild sah, fragte sie mich, ob ich mit Chakras arbeiten würde, und ich erzählte ihr, dass es von mir ein Kartenset und ein Buch zu diesem Thema gäbe.* Als ich mein Bild dann erneut betrachtete, kam mir der Begriff »Yoni-Chakra«. Zu Hause platzierte ich es gut sichtbar im Wohnzimmer. Immer wieder wanderte mein Blick zu ihm, woraufhin mich ein Gefühl der Freude durchströmte. Aber das war nicht alles. Ohne dass es mir bewusst war, arbeitete mein Geist weiter an der Idee – bis ich dann plötzlich eine Eingebung hatte: Das ist der Titel meines neuen Buches, in dem ich das Erblühen der Weiblichkeit beschreiben werde. Daraufhin erstellte ich ein Konzept und schickte es dem Schirner Verlag. Nach dem Malen des Bildes war das der zweite Schritt in die Manifestation. Du siehst, Schöpfung ist ein äußerst kreativer, intuitiver Prozess.

---

* Susanne Steidl: Chakra-Energie. Kraftvolle Impulse für die tägliche Praxis, Schirner Verlag 2019; Chakra-Energie-Handbuch für jeden Tag, Schirner Verlag 2020.

ÜBUNG

Empfange deine Vision

Welche Frage willst du dem Universum stellen, wofür brauchst du eine Vision? Für deine Bestimmung, deine Arbeit, deine Partnerschaft, deine Gesundheit oder etwas anderes?

Lege ein Blatt Papier und einen Stift bereit. Setze dich hin, und schließe die Augen. Verbinde dich über das Wurzelchakra mit der Erde und über das Kronenchakra mit dem Himmel. Atme zwei- oder dreimal tief in dein Herz.

Dann gehe mit deiner Aufmerksamkeit zum Stirnchakra, deinem Dritten Auge, das sich in der Stirnmitte oberhalb der Nasenwurzel befindet. Atme erneut ein paarmal tief ein und aus, und stelle dir vor, dass sich ein Fenster öffnet, ein Fenster zum reinen Bewusstsein. Mit jedem Atemzug wird es größer, bis du dich selbst im reinen Bewusstsein befindest.

Stelle nun deine Frage: »Welche Vision weist mir den Weg in Bezug auf …?«, und bitte das Universum um Antwort in Form eines Bildes. Lasse das Bild nach und nach entstehen. Auch wenn du das Gefühl hast, du denkst es dir aus, bleibe dabei. Vielleicht bekommst du zusätzlich oder anstatt des Bildes Informationen über andere intuitive Sinne, hörst, schmeckst, riechst oder fühlst etwas. Nimm alles in dich auf.

Sobald du dein Bild oder andere Informationen erhalten hast, öffne die Augen, und bringe das Empfangene aufs Papier. Damit lässt du die Vision lebendig werden. Sie kann auch als Symbol zu dir kommen, dessen Bedeutung dir nicht sofort klar ist. Lasse die Vision einfach in dir wirken, es wird sich alles zusammenfügen.

DIE WEIBLICHEN ARCHETYPEN

Über das Stirnchakra sind wir in der Lage, uns mit der Geistigen Welt zu verbinden und mit ihren Lichtwesen in Kommunikation zu treten. Auch auf der feinstofflichen Ebene können wir nach der heiligen weiblichen Energie Ausschau halten.

Es gab eine Zeit, in der die Göttinnen noch präsent waren. Die kosmische Mutter war schon in der Altsteinzeit bekannt. Bei den Germanen wurde sie als Dreiheit verehrt: Mutter Erde, Frau Mond und Frau Sonne. Ursprünglich wurde während der Wintersonnenwende die Modraniht, Mutternacht, als heilige Dunkelheit, aus der das Licht hervorging und alles Leben entsprang, gefeiert. Nach und nach wurde die weibliche Energie aus dem Glauben und den Religionen verdrängt, musste dem einen männlichen Gott weichen.

Wir können die Göttinnen wieder in unser Leben zurückholen, indem wir die große Mutter als Urgrund allen Seins würdigen. Genauso können wir uns mit den heiligen weiblichen Archetypen (Urbildern) beschäftigen: Isis, Maria Magdalena, Lilith, Eva, Shakti, Kleopatra, Dura, Kali, Brigid, Morgan Le Faye, um nur einige zu nennen. Es gibt wunderschöne Orakelkartensets, die uns inspirieren und unsere weibliche Kraft wachrufen können. Archetypen erinnern uns daran, dass auch wir diese schöpferischen Energien in uns tragen. Sie machen uns auf viele Aspekte aufmerksam, die wir weiterentwickeln und leben dürfen.

Ich erinnere mich noch gut an eine Meditation, bei der es darum ging, zur Quelle meines Seins zu reisen. Ich fand mich in einer Wüste wieder. Auf der Suche nach meiner Quelle fand ich die Öffnung zu einer Höhle. Als ich hineinging, traf ich auf eine Gruppe von Frauen, darunter auch Maria Magdalena, und sie gaben mir zu verstehen, dass es das Grab von Jesus war. Ich sollte näher kommen und meine Tränen der Trauer und des Schmerzes weinen und an diesem Ort loslassen. Ich begann tatsächlich, zu weinen. Es war berührend, mich unter diesen Frauen, den von Jesus Gesegneten, wiederzufinden. Sie sagten zu mir: »Es ist nun an der Zeit, dass wir Frauen unsere weibliche Kraft und unser Licht zeigen.« Nach der Meditation saß ich noch eine Weile still da, und dann kamen die Eingebungen zu dem Kartenset: »Meine Liebe spricht zu dir – Botschaften aus dem Herzen Jesus«.

ÜBUNG

Die Kraft der Orakelkarten

Orakelkarten bieten eine sehr schöne Möglichkeit, deiner Intuition Raum zu geben. Inzwischen gibt es auch viele wunderbare Sets zum Thema »weibliche Urkraft« auf dem Markt, die mit ihren Bildern und Botschaften tief berühren.

Suche dir eines aus, das dir gefällt. Nimm die Karten in die Hand, und stelle deine Frage bzw. denke an dein Thema. Wenn du bereits eine Vision erhalten hast, kannst du eine Karte ziehen, um sie klarer werden zu lassen.

Mische die Karten mit der Absicht, eine Antwort oder Botschaft zu erhalten. Ziehe eine, schaue sie dir an, und lasse das Bild auf dich wirken. Welche Gefühle löst es in dir aus? Welche Erinnerungen oder Visionen steigen in dir auf? Welche Botschaften kommen dir in den Sinn? Was löst der Text der Karte in dir aus?

ÜBUNG

Empfange die Energien eines Lichtwesens

Ziehe dich an einen ruhigen Ort zurück. Zünde eine Kerze an, setze dich bequem hin, und schließe die Augen. Schenke deinem Atem deine Aufmerksamkeit, und atme ruhig ein und aus. Formuliere innerlich die Absicht, mit einem weiblichen Lichtwesen in Verbindung zu treten, einer archetypischen Kraft, die jetzt für dein Leben wichtig ist.

Stelle dir nun vor, du befindest dich in einer schönen Landschaft. Bitte die weibliche Lichtgestalt, zu dir zu kommen. Nimm ihre Energie wahr, ihre Kraft und Essenz. Wie zeigt sie sich dir? Begrüße sie, und danke ihr für ihr Kommen. Frage sie nach ihrem Namen.

Sie ist dir erschienen, um dich an deine innere Kraft zu erinnern, dich darin zu bestärken, dein Licht zu zeigen. Lasse dich von ihrer Energie umhüllen und berühren. Vielleicht hat sie auch eine Botschaft für dich. Frage sie danach, und empfange sie. Vertraue dem, was kommt.

Wenn es für dich stimmig ist, verabschiede dich von der Lichtgestalt, und bedanke dich bei ihr. Bewege dich ein wenig, atme tief ein und aus, dann öffne die Augen.

KRONENCHAKRA – DEINE WEIBLICHE ERLEUCHTUNG

In diesem Kapitel beschäftigen wir uns mit dem Weg zur Erleuchtung. Über das Kronenchakra bist du an die lichtvollen, kosmischen Energien und das universelle Wissen angebunden. Es erinnert dich an deine eigene Göttlichkeit, deine Schöpferkraft und das Licht, das du hier auf Erden erstrahlen lassen sollst.

Das Kronenchakra ist unsere direkte Verbindung zur göttlichen Energie, die auch als »reines Bewusstsein«, »Quelle allen Seins« oder »geistiger Ursprung« bezeichnet wird. Es befindet sich außerhalb unseres Körpers, direkt über dem Scheitelpunkt des Kopfes, und sein Element ist die reine Essenz.

Die kosmischen, hoch schwingenden Energien sind uns heute zugänglicher denn je. Sie wollen durch uns wirksam werden und uns unterstützen, das Paradies auf Erden zu erschaffen. Je weiter wir uns entwickeln und unsere heilige Lebensenergie aus der Yoni den Weg in die höheren Chakras findet, desto größer wird auch unsere Sehnsucht, die kosmische, lichtvolle Urenergie in unser irdisches Leben einfließen zu lassen. Es geht also nicht nur darum, unsere schöpferische Kraft aufsteigen zu lassen und in unser Kronenchakra zu bringen, sondern ebenso darum, das himmlische Licht durch uns auf die Erde zu bringen.

Wir können die göttliche Energie in unserer Yoni empfangen und dadurch unser Dasein zum Leuchten bringen. Sternenstaub fällt vom Himmel, mitten hinein in unseren Alltag. Er kann uns verzaubern, zum Staunen bringen, uns magische Momente schenken und uns sogar zur göttlichen Ekstase führen. Wir dürfen uns für die Wunder des Himmels öffnen, um die Segenskräfte und um Gnade bitten. Die himmlischen Kräfte sind für uns alle genauso da wie die irdischen. Mit der Verbundenheit nach oben holen wir die himmlischen Energien zu uns. Stück für Stück werden sie in unser aller Leben sichtbarer, bis wir den göttlichen Funken in allem, was ist, und in allem, was wir erfahren, erkennen können. Dann sind wir vollkommen angebunden an den Lebensstrom, und uns steht das gesamte Energiepotenzial zur Verfügung.

DIE VERSCHMELZUNG

Sind wir über das Wurzelchakra mit der weiblichen Urkraft und der Erde und über das Kronenchakra mit der männlichen Urkraft und dem Himmel verbunden, vereinen sich in uns das Irdische und der Kosmos in einer heiligen Verbindung der Liebe und des Lichtes. Die weiblichen und männlichen Energien verschmelzen, wir werden eins, heil und damit vollkommen.
Diese Sehnsucht nach inniger Verschmelzung und heiler Einheit tragen wir alle in unserem Herzen. Zeitlebens sind wir auf der Suche danach: in unserer Partnerschaft, unseren Freundschaften, in der Verschmelzung mit der Arbeit … Am Ende wird jedoch immer etwas fehlen, wenn wir uns nicht auch mit den höheren Ebenen unseres Daseins, mit der Spiritualität, beschäftigen.

Das Erwachen wurde vielfach als harter Weg der Entbehrungen und der tiefen Kontemplation beschrieben. Die Zeiten haben sich gewandelt. Ob in der Meditation, am Strand, auf einem Berggipfel, bei einem guten Essen oder während eines Orgasmus – ekstatische, spirituelle

Erfahrungen sind in jedem Moment möglich. Ich glaube, dass wir sie alle bereits erlebt haben, denn sie können sich auch ganz irdisch zeigen: Augenblicke der Erfüllung, der Glückseligkeit, der vereinenden Stille, in denen die Zeit stehen zu bleiben scheint.
Wir sind so sehr auf der Suche nach spirituellen Erfahrungen, dass wir sie übersehen, wenn wir sie erleben. Für mich zeigen sich diese Einheitserfahrungen so: Zeit und Raum lösen sich auf, ich bin in meinem Körper wie auch außerhalb, schwebe in der Stille, bin tief berührt, innerer Frieden breitet sich in mir aus und zaubert mir ein Lächeln ins Gesicht.

Ein hermetisches, universelles Gesetz besagt: Wie oben, so unten. Das bedeutet, dass Erleuchtung über das Kronenchakra wie auch über das Wurzel- und das Sakralchakra möglich ist. Unser Körper ist genauso wichtig wie die Seele. Die göttliche Vereinigung schließt die Lebensenergie aus unserer Yoni mit ein. Wir nehmen die Energie von unten nach oben mit, und der Prozess erfolgt stufenweise in jedem Chakra: vom Erwachen des Vertrauens, der Lust, des Willens, der Liebe, des Ausdrucks und der Intuition bis hin zum Erwachen in der göttlichen Einheit. **Die irdische sexuelle Energie ist ein Schlüssel, der es uns ermöglicht, das Tor zum göttlichen Bewusstsein zu öffnen.** Wenn sich weibliche und männliche Energien über die Sexualität vereinen, können wir zu einer spirituellen Einheitserfahrung gelangen. Vielleicht wurde deshalb von vielen Religionen das Thema »Sexualität« tabuisiert und mit Scham besetzt. Damit verschloss sich uns ein wertvoller Zugang, den wir nun wieder öffnen dürfen.

Genauso dürfen wir auch Spiritualität, Hingabe, Intuition, Licht und Leichtigkeit in unsere Sexualität bringen. Dann bleibt sie nicht auf die körperliche Ebene beschränkt, sondern dehnt sich auf höhere Ebenen aus. Yoni-Ekstase geschieht, wenn unser Schoßraum die himmlischen Energien empfängt und unsere Lebensenergie nach oben bis ins Kronenchakra strömt.
Jede Form der heiligen Verschmelzung ist heilsam für unseren Körper, unsere Gefühle, unseren Geist und unsere Seele. Glückseligkeit ist ein

Zustand, den wir erlangen, wenn unser Körper bestimmte Hormone ausschüttet. Das kann während einer tiefen Meditation genauso geschehen wie bei einer sexuellen Erfahrung, bei der die Lebensenergie das Kronenchakra erreicht.

Einheitserfahrungen führen zu einem neuen Verständnis von Weiblich und Männlich und heilen die Verbindung zwischen Frau und Mann. Das Einssein mit allem, was ist, hebt die Polaritäten auf, die unser irdisches Dasein bestimmen, und damit all das, was uns voneinander trennt, wie die Bewertungen und Beurteilungen von Gut und Schlecht, von Richtig und Falsch.
Wir erkennen, dass es beide Energien, die weibliche und die männliche, braucht, dass keine besser oder schlechter ist, sondern sie zusammengehören, einander ergänzen und durch ihre Vereinigung Frieden und Harmonie entstehen. Ein Bewusstsein für ein neues Miteinander auf der Erde ist im Entstehen.

SPIRITUALITÄT IM WEIBLICHEN ALLTAG

Erfahrbare Spiritualität beginnt für mich in dem Moment, in dem ich erkenne, dass ich neben meinem Körper auch eine Seele habe, dass ich nicht nur ein irdisches, sondern auch ein energetisches Wesen bin. Ich hebe den Blick von der Erde zum Himmel, schaue ins Universum, in das große All und Nichts, und weiß, dass ich dort meinen Ursprung habe und ein Teil des großen Ganzen bin.

Spiritualität ist für mich vor allem Bewusstseinsarbeit, die Auseinandersetzung mit den Fragen: »Wer bin ich?«, »Wo komme ich her?«, »Wozu bin ich hier?«, »Was ist der Sinn meines Lebens?« Sie bringen eine neue Dimension in unser Dasein. Wir erweitern unsere Perspektive, sehen nicht mehr nur die materielle, irdische Ebene, sondern öffnen uns für das geistige, spirituelle Bewusstsein.

Es gibt viele wunderbare Bücher, die dich dabei unterstützen können. Du kannst dich beispielsweise mit den Lehren von Aufgestiegenen Meistern auseinandersetzen, mit Channelings von Lichtwesen und Sternengeschwistern. Lesen und Reflektieren erweitern das Bewusstsein. Auch dieses Buch, das du gerade in den Händen hältst, schenkt dir neue Erkenntnisse und das Wissen, wie du dich durch deine Lebensenergie sowohl irdisch als auch geistig weiterentwickeln kannst.

Spiritualität ist nichts Abgehobenes, sondern im alltäglichen Leben praktizierbar: durch liebevolles, achtsames Bewusstsein und die Absicht, das göttliche Licht in das eigene Leben einfließen zu lassen. Alles, was wir tun und erfahren, kann im Licht der Liebe und Achtsamkeit geschehen. Wir können bewusst atmen, gehen, duschen, uns bewegen, kochen, Liebe machen, sprechen … **Jede irdische Tätigkeit kann so zu einer spirituellen Praxis werden.**

Hast du für dich schon eine spirituelle Praxis gefunden, bei der du das Gefühl hast, mit der Erde und dem Kosmos verbunden und eins zu sein? Das kann beispielsweise die Meditation sein, das Eintauchen in die Stille, das Gebet, eine Form von Yoga, die Atemarbeit, die Verbundenheit mit der Natur, das Tanzen oder Singen.
Wenn nicht, lade ich dich ein, auszuprobieren, wie du diese Verbundenheit am leichtesten wahrnehmen kannst. Es gibt viele Wege zur Erleuchtung, zur Einheit. Ich persönlich liebe es, in der Natur zu sein, meine Sinne zu öffnen und mit dem, was ich wahrnehme, zu verschmelzen, eins zu sein mit allem, was ist. Auch beobachte ich gern den Himmel: die Sterne, die Wolkenbilder und das sich wandelnde Licht der Sonne, die morgens aufgeht, vom höchsten Punkt herabscheint und sich abends wieder verabschiedet. Die Dimension des Unendlichen wird für mich dadurch erfahrbar.

Die Sonne wurde schon lange vor unserer Zeitrechnung dafür verehrt, dass sie durch ihr Licht und ihre Wärme das Leben ermöglicht. Die Menschen beobachteten sie, den Himmel und die Sternbilder und woben viele Mythen um sie. Die antiken Völker sahen die Sonne als göttlich an. Wie die Erde und der Mond verkörperte sie in matriarchalen Kulturen einen Aspekt der großen Göttin. Diese galten als Symbol für die Geburt, das Leben und den Tod.
Der 21.12. war für antike Völker ein wichtiges Datum: Zur Wintersonnenwende, dem kürzesten Tag des Jahres, starb die Sonne, bevor sie nach drei Tagen Finsternis wiederauferstand und das Licht zurückkam. Heute feiern wir an diesem Tag, dem 24.12., die Geburt Jesu und Weihnachten.

Viele Feste im Jahreskreis werden heute wiederentdeckt und mit dem Begehen von Ritualen neu belebt. Durch sie können wir unsere Verbundenheit mit der Erde und dem Kosmos ausdrücken und stärken. Sie schenken uns Halt, Sicherheit und Orientierung. Durch das Praktizieren spiritueller Handlungen kommen wir wieder mit den archetypischen Urkräften in Kontakt. Durch das Wiederholen werden in unserem Gehirn neue Synapsen geformt und neue Eindrücke gebildet. Rituale verhelfen uns zu einem erweiterten Bewusstsein.
Im Laufe des Sonnenjahres gibt es einige besondere Tage, an denen du Rituale durchführen kannst: Frühlingsbeginn, Sommersonnenwende, Tagundnachtgleichen, Herbstbeginn, Wintersonnenwende und Rauhnächte. Auf Letztere möchte ich etwas näher eingehen, denn während ich diese Zeilen schreibe, befinde ich mich in der ersten Rauhnacht. Heute Morgen habe ich eine Meditation durchgeführt, Orakelkarten gezogen sowie einen Wunsch für das neue Jahr verbrannt und ihn so dem Universum übergeben.

Die Rauhnächte begannen traditionell am 21.12. in der Modraniht, der Mutternacht. Früher wurde diese als heilige Dunkelheit verehrt, als Mutter, aus deren Schoß alles Leben entstand. So, wie die Sonne sich zurückzieht, können auch wir in uns gehen, um uns auf das Neue vorzubereiten, das geboren werden will.

Heutzutage werden die Rauhnächte zwischen dem 25.12. und dem 6.1. begangen. Es sind jene zwölf Nächte, die mit der Umstellung vom Mondkalender mit 354 Tagen auf den Sonnenkalender mit 365 Tagen hinzukamen. Deshalb werden diese Nächte auch als »außerhalb der Zeit« bezeichnet. Sie schenken uns einen besonders leichten Zugang zur göttlichen Quelle und damit zu unseren schöpferischen weiblichen Fähigkeiten.

Die Rauhnächte laden uns ein, mithilfe von Ritualen die geistigen Samen für all das zu säen, was im nächsten Jahr wachsen und erblühen soll. Es gibt zahlreiche Möglichkeiten, sie zu gestalten und zu nutzen: Wir können in der Meditation oder in der Natur Klarheit erlangen, uns von Altem verabschieden und Platz für Neues schaffen, unsere Wünsche manifestieren usw. Es gibt inzwischen sehr viel inspirierende Lektüre dazu. Zu keiner anderen Jahreszeit erlebe ich so viel Mystik und Magie, fühle mich dem Göttlichen und mir selbst näher.

ÜBUNG

Alltägliche Rituale

Jeder von uns hat Rituale, auch wenn wir uns manchmal gar nicht bewusst sind, dass es sich um solche handelt. Rituale sind wiederkehrende Handlungen, die uns stärken, unsere Energie erhöhen und uns mit dem göttlichen Bewusstsein verbinden. Sie können ganz einfach sein und sich dementsprechend leicht in den Alltag integrieren lassen. Vielleicht möchtest du ja eines der Folgenden übernehmen:

- Segne den Tag gleich nach dem Aufstehen. Falte die Hände, führe die Daumen zum Herzen, verneige dich, und begrüße den Tag, das Licht und die Liebe.
- Verbinde dich morgens über deine Füße mit der Erde und über dein Kronenchakra mit dem Himmel.
- Sprich ein Gebet für deine Liebsten, und segne sie in Gedanken.

- Danke Mutter Erde und Vater Himmel für dein Dasein.
- Bitte beim Duschen darum, von allen belastenden Energien gereinigt zu werden.
- Bitte um Führung und Begleitung, wenn du das Haus verlässt.
- Segne deine Mahlzeiten.
- Entzünde eine Kerze, und verbinde dich über sie mit dem kosmischen, universellen Licht.
- Benutze ein ätherisches Öl oder Räucherwerk, und verbinde es mit einer Absicht, zum Beispiel der Transformation, Reinigung oder Heilung.
- Bedanke dich am Abend für den Tag und die Erfahrungen, die er dir ermöglicht hat. Falte die Hände, führe die Daumen zum Herzen, verneige dich, und begrüße die Nacht und die Dunkelheit.

DIE HEILIGE KOSMISCHE KRAFT

Über das Kronenchakra nehmen wir die lichtvolle, kosmische Energie in uns auf. Sie bringt unseren Körper in höhere Schwingungen, und er erinnert sich an seinen Ursprung, an sein Heilsein. Auf Erden streben wir immer nach Vollendung, nach Einheit, denn wir tragen diese Energie noch in uns. Je weiter wir uns entwickeln, je mehr wir uns den geistigen Energien öffnen, desto spürbarer wird das Einssein auf der Erde.

Wir beschreiten den Weg der Evolution, bringen unsere einzelnen Chakras zum Erblühen, um zur vollkommenen Entfaltung zu gelangen. Wir richten uns im Leben ein, machen irdische Erfahrungen, erledigen unsere Aufgaben und sammeln Erkenntnisse – um dann alles, was wir gelernt haben, wieder loszulassen. Weil wir erkennen, dass hinter allem eine größere Kraft wirkt: die unendliche kosmische Kraft.

Der Satz »Dein Wille geschehe!« drückt die Hingabe an die göttliche Kraft aus. Wir können ihr vertrauen. Wir dürfen uns dem Fluss des Lebens hingeben, unsere alten Vorstellungen und Absichten loslassen in dem Wissen, dass uns genau jene Zufälle geschenkt werden, die wir für unsere Entwicklung brauchen.

Dieses Wissen durchdringt zunehmend alle Lebensbereiche. Unsere Intuition richtet sich danach aus wie auch unsere Kommunikation, unser Ausdruck und unser Handeln. **Unser Herz schlägt im Rhythmus des Universums, unsere sexuelle Energie ist heilsam, und unser Körper wird durchlässiger und lichtvoller.** Wir strecken uns dem Himmel entgegen, näher uns ihm immer weiter an, und empfangen zutiefst heilsame Impulse.

ÜBUNG

Verbindung mit dem kosmischen Schöpfungsfeld

Über die Heilige Geometrie erlangen wir Zugang zum kosmischen Wissen und zur göttlichen Ordnung. Der Kreis symbolisiert das kosmische, universelle Schöpfungsfeld, die weibliche Schöpferkraft sowie die Energie der Einheit und Vollkommenheit. Wir finden ihn auch in der Blume des Lebens wieder. In ihr ist alles enthalten: der Ursprung und die Ewigkeit. Wenn du dich mit dem Symbol des Kreises verbindest, verbindest du dich auch mit der kosmischen Heilenergie. Führe die folgende Meditation durch, um Impulse der Heilung, Einheit und Vollendung zu empfangen.
Setze dich aufrecht hin, die Fußsohlen berühren den Boden. Atme dreimal von deinem Scheitel zu deinen Fußsohlen, und schließe die Augen. Gehe mit der Aufmerksamkeit zu deiner fünften Herzkammer. Visualisiere einen Lichtkanal, der von dort aus zu deinem Halschakra, deinem Stirnchakra, deinem Kronenchakra, weiter zu deinem Seelenchakra und

darüber hinaus nach oben bis in das Zentrum des Universums reicht. Dort, wo sich die Ursonne befindet, der Kreis der Schöpfung.
Empfange jetzt über den Lichtkanal die Energie der Ursonne. Dein Herz nimmt sie in sich auf und formt pulsierende Kreise – unendlich viele davon. Die Kreise fächern sich aus deinem Herzen und über deinen Körper hinaus auf und bilden die Blume des Lebens.
Hoch schwingende, heilsame Energie strömt in dich ein und nährt dich. Alles, was nicht ganz ist, wird vollendet. Alles, was noch verletzt ist, empfängt Heilung. Danke dem kosmischen Kreis, der Ursonne. Dann öffne die Augen.

ÜBUNG
OM – der Urklang

OM ist der Urklang, der dich mit dem Göttlichen verbindet. Dieses Mantra beinhaltet alles, was ist. Es bringt deinen Körper zum Schwingen und schenkt dir reinigende und heilsame Energie. OM symbolisiert die vier Zustände des Seins: den Wach-, den Traum-, den Schlaf- und den erleuchteten Zustand.
Setze dich im Schneidersitz auf den Boden. Achte darauf, dass du gut mit der Erde verbunden bist. Halte die Hände in der Gebetshaltung vor dein Herz, sodass die Daumen die Brust berühren (Anjali-Mudra). Oder platziere sie auf den Knien, und forme jeweils mit Daumen und Ringfinger einen Kreis.
Töne dreimal hintereinander das OM. Lasse den Klang vom Scheitel zu deinem Herzen, weiter zu deiner Yoni und von dort aus in die Erde hineinfließen. Spüre das Vibrieren in deinem gesamten Körper.

DU BIST MEHR,
ALS DU GLAUBST.
DU BIST PURE, REINE,
SPRUDELNDE SCHÖPFERENERGIE.
DU BIST HIER, UM ZU EMPFANGEN,
ZU KREIEREN, ZU HEILEN
UND ZU LIEBEN.

SEELENCHAKRA – DEIN WEIBLICHES LICHT

In diesem Kapitel wenden wir uns deiner Seele, deinem immerwährenden Licht und göttlichen Sein zu. Du erinnerst dich an deinen Ursprung, an deine Seelenfamilie. Deine lichtvolle Seele gab dir den Impuls, hier auf der Erde zu inkarnieren, um wertvolle Erfahrungen zu sammeln und dich weiterzuentwickeln. Über sie hast du Zugang zum Wissen über deine Seelenaufgaben.

Das Seelenchakra liegt außerhalb unseres Körpers und unserer materiellen Welt. Es befindet sich oberhalb des Kronenchakras, ungefähr 30 Zentimeter über dem Scheitel, und verbindet uns mit unserer Seelenenergie, der göttlichen Quelle allen Seins, dem Licht des Universums und der unendlichen Liebe. Dieses Energiezentrum trägt die Erinnerungen aus all unseren Vorleben und das Wissen um unsere Seelenaufgabe und unsere Seelenvision in sich.

Je lichtvoller wir werden, desto leichter werden wir über unser Herzchakra Zugang zu diesen Informationen erhalten und die Energie unserer Seele hier auf Erden erfahren und leben können. Denn Herz und Seele sind über die Liebe miteinander verbunden. Die Liebe öffnet das Herz und lässt die Seele sprechen, wodurch wir ihren Plan erkennen und ihm bewusst folgen können. Wir sind in der Lage, unser Leben ohne einen Gedanken an unsere Seele und ohne Anbindung an die göttliche Energie zu führen. Genauso können wir uns aber auch für ein beseeltes Leben hier auf Erden entscheiden. Es steht uns frei, Verbindung zu unserer Seele aufzunehmen und uns von ihr führen zu lassen.

Das Seelenchakra erinnert uns an unsere Vollkommenheit. Wir können sie in unserem Leben erfahren, wenn wir das Licht unserer Seele in uns selbst erkennen. Indem wir es auf Erden wirksam werden lassen, verändern wir die Welt und machen sie zu einem Ort des Mitgefühls, der Verbundenheit, der Liebe, der Hingabe, der Demut, des Segens, der Freude, der Heilung, der Wunder und der Gnade.

DAS LICHT DEINER SEELE

Deine Seele ist deine lichtvolle Essenz, sie ist reine Liebe und höchste Schwingung. Sie ist göttlich, und in ihr ist alles enthalten. Dein lichtvolles Sein möchte sich auf der Erde vollständig verwirklichen – durch dich. Denn du bist die Verkörperung deiner Seele. Du bist als Frau auf die Erde gekommen, um in deinem weiblichen Sein zu erblühen und zu erstrahlen.

Das Leben mit seinen vielfältigen Möglichkeiten, zu lernen und sich weiterzuentwickeln, ist der Erfahrungsraum der Seele. Sie will sich hier ausdrücken und erforschen, wie es ist, in ihre ganze Kraft zu kommen. Damit das möglich wird, sind wir eingeladen, ihr Licht anzunehmen. Das fällt uns nicht immer leicht, weil es so groß, hell und strahlend ist. Wir sind es nicht gewohnt, so viel Licht zur Verfügung zu haben.
Uns wurde lange weisgemacht, dass das Leben schwer und dunkel sei. Die Zeiten, in denen wir das glaubten, sind jedoch vorbei, weil wir immer mehr erblühen und das Universum uns dadurch mit seinem Licht beschenken kann. Unser eigenes Licht kommt zu uns zurück, und unsere Essenz leuchtet aus jeder Zelle unseres Körpers. Wir sind das Licht der Seele.

Unser Körper wird durch das Aktivieren der heiligen Lebensenergie aus unserem Schoßraum, durch die hohen Lichtkräfte und durch unsere Bewusstseinsprozesse immer durchlässiger und lichter. Er passt sich Tag für Tag an die neuen Energien an und schafft Raum für die Seelenenergie, die nur darauf wartet, ganz zu uns zu kommen. Das bedeutet, je reiner und lichtvoller unser Körper und unser Chakrasystem werden, desto spürbarer wird die Seelenenergie in unserem Leben.
Die Kraft aus deiner Yoni hat den Weg freigemacht, damit du das Licht deiner Seele auf allen Ebenen empfangen kannst. Das himmlische Licht durchdringt deine Chakras von oben nach unten. **Dein Schoßraum empfängt das Licht deiner Seele, und dein Leben wird im wahrsten Sinne des Wortes auf allen Ebenen beseelt.**

Die Energie deiner Seele ist in jedem Moment spürbar. Wenn du dich ihr öffnest, kann sie sich durch ein Pulsieren oder Kribbeln im Körper, ein Gefühl von Wärme oder Kälte, von Ausdehnung, Schweben, innerem Frieden wie auch tiefer Liebe bemerkbar machen. Deine Seele kann zu dir sprechen.

ÜBUNG

Verbinde dich mit deiner Seele

Setze dich aufrecht hin, und lege die Hände nach oben geöffnet auf die Oberschenkel. Atme ein paarmal in die Füße, um dich zu erden, dann schließe die Augen, und formuliere die Absicht, dich mit deiner Seele zu verbinden: »Liebe Seele, ich lade dich ein, bewusst mit mir in Verbindung zu treten. Ich bitte dich, dich körperlich spüren zu können.«
Nimm wahr, was sich verändert. Spürst du etwas im Körper oder um dich herum? Vielleicht ein Vibrieren, Kälte, Wärme oder ein Ziehen? Verändert sich dein Fühlen?
Wenn deine Seele eine Farbe hätte, welche wäre es?
Wenn sie einen Duft verströmen würde, wonach würde sie riechen?

Wenn deine Seele sich in einer Form oder Gestalt zeigen würde, welche wäre das?
Welchen Klang, welche Melodie hätte sie? Wie würde sie sich hörbar machen?
Bitte deine Seele um eine Botschaft. Was möchte sie dir jetzt mitteilen?
Hast du eine Frage an sie? Stelle sie ihr, und lausche der Antwort.
Danke deiner Seele, und segne sie.
Nimm zum Abschluss einen tiefen Atemzug, komme zurück ins Hier und Jetzt, und öffne die Augen.**

DEIN GEISTIGER URSPRUNG

Inkarniert zu sein, ist ein Privileg für jede Seele. Es mag sich für dich nicht so anfühlen, wenn du vor einer großen Herausforderung stehst oder dich die vielen kleinen Probleme des Alltags stressen, doch für deine Seele ist dein Leben ein Geschenk. Du kannst dich körperlich bewegen, kannst spüren, fühlen, schmecken, riechen, andere berühren – dir steht die Welt der Sinne offen. Du bist in der Lage, irdische Erfahrungen zu sammeln, die du als rein geistiges Wesen nie machen könntest.
Zudem lebst du in einer besonderen Zeit. Als Frau, die dieses Buch liest, gestaltest du den aktuellen Bewusstseinswandel aktiv mit. Deine Seele hat sich dazu entschlossen, dabei mitzuwirken und durch dich noch mehr weibliches Bewusstsein auf die Erde zu bringen. Dafür möchte ich dir und jeder einzelnen Frau danken, die ihre Liebe und ihr Licht mit der Welt teilt.

** Diese Meditation findest du auch auf meinem YouTube-Kanal: Susanne Steidl.

Ich erlebe in meinen Beratungen immer wieder, dass Frauen eine große Sehnsucht nach dem geistigen Ursprung verspüren und sich in der himmlischen Energie etwas verlieren. **Jedoch erst, wenn wir unser Sein wirklich annehmen, ein klares Ja zum Leben auf der Erde sagen, hier ankommen und uns verwurzeln, kann die gesamte Seelenenergie zu uns fließen.** Wir sind nur dann mit dem großen Ganzen verbunden, wenn wir es mit unserem Körper und der Erde sind. Wenn wir hier auf Erden zu Hause sind, sind wir es auch in der geistigen Heimat, der Heimat unserer Seele. Je stärker die Verbindung zu unserer Seelenheimat ist, desto leichter werden wir auch unsere Aufgaben hier auf Erden erkennen.

So, wie wir auf der Erde einer Familie zugehörig sind, sind wir es auch im Himmel. Das zu erkennen und zu spüren, kann sehr intensive Gefühle auslösen: das Gefühl, angekommen zu sein, von wahrer Liebe und echter Nähe, von tiefem Frieden und unerschütterlicher Ruhe. Über das Seelenchakra sind wir imstande, uns mit unserer Seelenfamilie zu verbinden. Wir können sie um Hilfe und um Zeichen bitten, wenn wir sie brauchen.

ÜBUNG

Anbindung an Himmel und Erde

Stelle oder setze dich aufrecht hin, und platziere die Füße nebeneinander auf dem Boden. Schließe die Augen, atme dreimal tief ein und aus, und stelle dir vor, dass der Atem deine Wirbelsäule durchströmt. Beim nächsten Atemzug visualisiere, wie der Atem vom Wurzelchakra über die Wirbelsäule zum Herzen, weiter nach oben bis zum Kronenchakra und dann wieder zurück zum Wurzelchakra strömt. Wiederhole das dreimal. Du kannst nach oben hin ein- oder auch ausatmen.
Nimm erneut einen Atemzug, und dehne den Atem dieses Mal über deinen Körper hinaus aus, indem du ihn vom Erdchakra, das sich

ca. 30 Zentimeter unter deinen Füßen in der Erde befindet, bis zum Seelenchakra und wieder zurück fließen lässt. Wiederhole auch das dreimal.
Und nun dehne den Atem noch weiter aus: Atme dreimal tief nach unten zum Herzen der Erde und weit nach oben zum Herzen des Universums. Du bist jetzt angebunden an die Energie der Erde und des Himmels. Gehe mit deiner Aufmerksamkeit in dein Herz, nimm dort die Energie des Himmels und der Erde wahr, und lasse sie für zwei bis drei Minuten in dein Energiefeld strömen.
Wenn du möchtest, verbinde dich nun über dein Herz mit deiner Seelenfamilie und Seelenheimat. Es kann sein, dass in dir Gefühle aufsteigen, du Bilder empfängst oder Botschaften hörst. Du kannst deiner Seelenfamilie Fragen stellen und sie um Unterstützung und Begleitung bitten. Sie ist für dich da.
Bleibe in der Energie, solange du möchtest. Dann öffne die Augen, und nimm wahr, was sich verändert hat.

DEINE SEELENESSENZ

Bereits vor unserer Geburt entscheiden wir über unser Leben. Wir wählen unsere Mission, unsere Bestimmung und unsere Aufgaben. Wir suchen uns die Familie aus, die uns jene Voraussetzungen bietet, um unsere vollkommene Kraft zu entwickeln. **Die Absicht unserer Seele ist es, mit ihrer gesamten Essenz und Energie präsent zu sein und ihre Vision zu verwirklichen.**

Deine Seelenessenz kannst du dir wie das Licht vorstellen, das durch ein Mosaikfenster fällt, dessen Farben ein einzigartiges Lichtspiel erzeugt. Du selbst bist das Fenster, durch das die lichtvollen Aspekte deiner Seele leuchten. Das sind deine Urqualitäten, mit denen du auf die Erde gekommen bist. Du trägst sie seit deiner Geburt in dir. Durch diese lichtvollen Aspekte kommen die Schwingungen deiner Seele zum Tragen. Sie nähren dich, geben dir Kraft und beseelen dich, wenn du sie lebst.

Damit du eine bessere Vorstellung davon bekommst, was damit gemeint ist, teile ich meine lichtvollen Qualitäten mit dir. Meine Seelenessenz setzt sich aus Freude, Liebe, Tiefgang, Ausdehnung, Kraft, Vertrauen und Erfolg zusammen. Sie wirken in mir und durch mich, strömen zum Beispiel beim Schreiben in dieses Buch, sind präsent, wenn ich mit Menschen arbeite, Gespräche führe und bei allen anderen Tätigkeiten meines alltäglichen Lebens.
Meine Räume werden durch sie erfüllt, und andere Menschen können diese Qualitäten auch wahrnehmen. Eine Freundin sagte mir kürzlich, dass jedes meiner Seminare, an dem sie teilgenommen habe, tiefgründig und tiefgehend gewesen sei. In meiner Arbeit ist der lichtvolle Aspekt Tiefgang sehr wichtig, genauso sind es auch Ausdehnung und Vertrauen. Durch sie kann ich mich den kosmischen Energien öffnen und andere ermutigen, es ebenfalls zu tun.

Um deine lichtvollen Aspekten bewusst leben zu können, solltest du wissen, welche es sind. Die Chakras helfen dir dabei, deine Seelenessenz wirksam werden zu lassen. Gleich, ob es deine Intuition, deine Kommunikation oder dein Tun ist – alles dient dazu, dem Licht deiner Seele Ausdruck zu verleihen. Deine Seelenessenz wird dadurch immer sichtbarer, spürbarer und erfahrbarer. Und das schenkt dir tiefe und wahrhaftige Erfüllung.

ÜBUNG

Deine Seelenessenz wahrnehmen

Lege ein Blatt Papier und einen Stift bereit, und setze dich bequem hin, die Fußsohlen berühren den Boden. Nimm einen tiefen Atemzug, und verbinde dich über dein Wurzelchakra mit der Erde und über das Seelenchakra mit deiner Seele.

Stelle dir vor, du befindest dich in einem leeren, weißen Raum. Lade deine Seelenessenz ein, sich zu zeigen. Nimm deine Seele wahr, sie ist da und hüllt dich in ihr einzigartiges Licht. Bitte sie, dich an deine lichtvollen Urqualitäten zu erinnern, die dich einzigartig und unverwechselbar machen. Du kannst dich nun selbst als funkelndes, lichtvolles Wesen wahrnehmen.

Frage: »Was sind meine lichtvollen Aspekte, welche Urqualitäten wirken durch mich?« Sprich laut aus, was kommt, und schreibe es auf.

Schaue dir dann deine Begriffe an. Wenn es mehr als sieben sind, spüre nacheinander hinein. Mit welchen gehst du am stärksten in Resonanz? Gibt es welche, die eigentlich dasselbe bedeuten und sich zusammenfassen lassen? Meist bleiben fünf bis sieben Aspekte übrig, die deine wahrhaftige Seelennatur beschreiben.

Nun sprich deine Urqualitäten erneut laut aus, und nimm die Gefühle und Körperempfindungen wahr, die sie in dir auslösen. Du kannst sie von jetzt an immer sagen, bevor du eine Tätigkeit ausführst oder einen Raum betrittst, und so deine Seelenessenz bewusst wirken lassen.

DEINE AUFGABEN AUF ERDEN

Die Seele trägt alle Informationen über unser physisches und energetisches Sein in sich, über unsere vergangenen Leben, unsere Seelenvision und unsere jetzigen Aufgaben, für die wir uns in dieser Inkarnation entschieden haben. Je besser die Verbindung zu unserer Seele ist, desto leichter werden wir auch Zugang zu diesem Wissen bekommen.
Wenn diese Anbindung fehlt, dann werden wir die Lebenskraft aus unserer Yoni nur bis zu einem bestimmten Punkt entfalten können. Alles, was wir tun, wird sich auf das rein irdische, materielle Sein ausrichten, ohne spirituellen Bezug. Wir können dann zwar erfolgreich sein, alles besitzen, jedoch keine wahre Erfüllung spüren. Erst unsere Seele schenkt uns eine tiefere Erfahrung von Fülle, die weit über das irdische Erfülltsein hinausgeht. Es ist ein Gesättigtsein auf allen Ebenen.

Viele beschäftigen sich intensiv mit Spiritualität, Meditation, den himmlischen Energien, bringen diese jedoch nicht in das irdische Leben. Es ist, als ob es zwei Welten wären, die nichts miteinander zu tun hätten. Die Spiritualität will aber »unten« ankommen, denn wir sollen das Paradies auf Erden erschaffen. Das Licht unserer Seele will hier gelebt werden. Dazu ist eine gute Anbindung an die Erde sehr wichtig. Je geerdeter wir sind, desto offener sind wir dafür, die Impulse unserer Seele zu empfangen und sie bis zu unseren Wurzeln und in unser ganzes Leben fließen zu lassen. Unsere Seelenessenz wird wirksam, wir können die Botschaften unserer Seele über unsere intuitiven Sinne empfangen, und wir lernen, zu vertrauen. Die Freude in unserem Herzen ist der Wegweiser, sie signalisiert uns, ob wir unseren Seelenaufgaben nachkommen. **Wenn wir bei dem, was wir tun, Erfüllung erfahren, sind wir im Einklang mit der Seele.**

Unsere Bestimmung und unsere Seelenaufgaben entfalten sich im Laufe unseres Lebens. Zu Beginn probieren wir vieles aus, wir entdecken, erforschen, finden heraus, was uns mehr oder weniger gut gefällt. Nach und nach fokussieren wir uns auf das, was uns wirklich ausmacht. Jede Erfahrung trägt dazu bei, dass wir unsere lichtvolle Essenz stärker leben, und uns wird bewusst, wer wir wirklich sind.
Wenn wir alles schon von Anfang an gewusst hätten, uns klar gewesen wäre, was alles auf uns zukommen wird, bevor unser Bewusstsein so weit gewesen wäre, wären wir sicher maßlos überfordert gewesen. Wir haben die Impulse unserer Seele also dosiert und im rechten Augenblick bekommen, damit wir sie auch integrieren und gut mit ihnen umgehen können.
Durch das sich erweiternde Bewusstsein und die aktivierte Lebensenergie kommen immer mehr Informationen zu uns. Ein immerwährender Austausch mit unserer Seele entsteht, unser weibliches Licht wird klarer und spürbarer. Wir werden uns der Seele immer weiter öffnen, uns von ihr führen lassen und dem nachgehen, was sie erfahren möchte.

Seelenenergie ist reine Liebe. Deswegen können wir uns am besten über unser Herz mit der Seele verbinden und mit ihr kommunizieren. Das Herzchakra verbindet die spirituelle Dimension mit der irdischen. Es ist in der Lage, die Informationen der Seele so zu transformieren, dass wir sie auch in den unteren Chakras empfangen können. Deshalb ist es entscheidend, unser Herzchakra vorzubereiten, zu öffnen und aufnahmefähig zu machen für unsere reine, lichtvolle, beseelte Energie.
Durch das weibliche Licht unserer Seele wird die Welt schöner und liebevoller. Wir werden unseren Fokus verändern von einem materialistisch ausgerichteten Leben hin zu einem spirituellen. Wir dürfen unserer Seele vertrauen, denn sie kennt den Weg.

ÜBUNG

Sprich mit deiner Seele

Lege ein Blatt Papier und einen Stift bereit, und setze dich aufrecht hin. Platziere die Hände auf deinem Herzchakra, atme ein paarmal in dein Herz, und formuliere die Absicht, dich bewusst mit deiner Seele zu verbinden und mit ihr zu sprechen.

Du weißt bereits, wie sich deine Seele anfühlt. Bitte sie, dir einige Fragen zu deinen Aufgaben und deiner Bestimmung hier auf der Erde zu beantworten.

Stelle deine Fragen, empfange die Antworten, und schreibe sie auf. Sie können als Wörter, Bilder, Körperwahrnehmungen oder Gefühle kommen. Sollten sie für dich noch unklar sein, bitte deine Seele, dir in nächster Zeit für dich verständliche Zeichen zu senden. Mögliche Fragen sind:

- Was ist meine Bestimmung?
- Was sind meine Aufgaben?
- Was darf ich noch weiterentwickeln?
- Was sollte ich loslassen?
- Was darf ich auf der Erde verwirklichen?

Bedanke dich bei deiner Seele, segne dein Seelenlicht, dich und deinen Körper, und komme wieder in deinen Alltag zurück.

ÜBUNG

Raum für Heilung

Das Seelenchakra hat eine hohe Schwingung und ist reine Energie. Es ermöglicht uns, den heiligen Raum zu öffnen, um Heilung und Schutz zu erfahren.

Setze dich aufrecht hin. Lege die Handflächen wie zum Gebet vor deinem Herzen zusammen, die Daumen berühren den Brustkorb. Führe nun die Hände in dieser Haltung nach oben zu deinem achten Energiezentrum, dem Seelenchakra. Stelle es dir als eine strahlende goldene Lichtkugel vor.

Visualisiere jetzt, wie du es mit den Fingerspitzen öffnest. Dehne das Seelenchakra und seine Energie nach unten aus, indem du die Handflächen voneinander löst und die Arme seitlich nach unten bewegst. Nimm wahr, wie sich der heilige Raum um dich herum entfaltet.

Spüre die Stille des Raumes, und bitte um Heilung durch das göttliche Licht deiner Seele. Lasse die Seelenkraft zu jedem Chakra strömen: zuerst zum Kronenchakra, dann langsam weiter zum Stirnchakra, von dort aus zum Halschakra. Nimm wahr, wie sich das jeweilige Chakra verändert, wenn die Kraft deiner Seele hindurchfließt. Sie strömt weiter zum Herzchakra, dann zum Solarplexuschakra, erreicht das Sakralchakra und schließlich das Wurzelchakra.

Spüre die Energie deiner Seele in deinem gesamten System. Sie schenkt dir Reinigung, Kraft und Heilung auf allen Ebenen.

Wenn du willst, sprich folgende Silben laut aus, es sind heilsame Worte in der Seelensprache, die ich empfangen habe: »Umalah, hejo umalah dewi ko. Seno he la fa mejo de no reja de ka. Si mohi donna lomo. Neja geh holo simi adepo ko no warmi. So we ho leja nama de go. Heia, wero ima dello ka. Sena di, sena di. Hio meha le fono kawas se. Mejo. Ha ino delo go. Leio hima va ma resa. Konno di mi jo ha. Ha ma se.«

Lasse die Klänge in dir wirken, spüre nach, und danke deiner Seele für die Heilung. Danach schließe den heiligen Raum wieder, indem du die Arme seitlich anhebst, bis sich die Handflächen über deinem Kopf berühren. Dann führe die Hände vor die Brust, und verneige dich.

ÜBUNG

Heilung deiner weiblichen Urkraft

Gehe mit deiner Aufmerksamkeit zu deiner Yoni, zur Quelle deiner heiligen Urkraft. Stelle dir zwei Lichtstrahlen vor, die deine Yoni mit der Erde und mit dem Himmel verbinden. Lade alle Lichtwesen und Schöpferwesen ein, dich bei dieser Heilung zu begleiten. Nimm einen tiefen Atemzug, und sprich:

»Ich bin frei, zu sein, wie ich bin.
Ich segne mein weibliches Sein auf allen Ebenen.
Die unendliche Kraft der Liebe durchströmt mich.
Meine weibliche Kraft erfüllt mich.
Mein Herz ist voller Liebe, die ich teile und weitergebe.
Liebe ist der Ausdruck meines weiblichen Seins.
In Liebe nehme ich an, in Liebe gebe ich.
Über die Liebe bin ich mit allen Wesen verbunden.
Durch die Kraft der Liebe und meiner Seele bin ich heil und vollkommen.«

ZUM ABSCHLUSS
EIN NEUER ANFANG

Nun endet deine Reise durch die Chakras, und gleichzeitig beginnt ein neuer Kreislauf deines weiblichen Seins. Der Kreis ist ein Symbol für die weibliche Schöpfungskraft. In ihm ist der Ursprung allen Seins enthalten. Auch die Chakras sind kreisförmig. Durch die Arbeit mit diesem Buch hast du all diese Kreise zum Schwingen gebracht. Sie werden von der Energie der weiblichen Urkraft aus deiner Yoni gespeist.
Dein lichtvolles Energiefeld dehnt sich wie die Blume des Lebens aus – immer weiter bis ins Unendliche. Durch dein neues Bewusstsein öffnest du deine einzigartigen Blütenblätter, erblühst und erstrahlst auf vollkommene Art und Weise. Du wirst nun genau jene Energien anziehen, die zu deinem neuen Bewusstsein und höherem Schwingungsfeld passen.
Wir Frauen verbinden uns und bilden mit unserer weiblichen Urkraft ein gemeinsames Energiefeld. Aus dieser vollkommenen weiblichen Einheit heraus geschieht Heilung: für dich, alle Frauen, Männer und Kinder, die Tiere, Pflanzen und die gesamte Erde.

Liebe wunderschöne Frau, ich danke dir aus tiefstem Herzen für deine weibliche Kraft, die du zum Erblühen gebracht hast. Danke für deine heilsame weibliche Energie, die du der Welt schenkst.

WIR SIND VIELE!
WIR SIND VERBUNDEN!
WIR SIND HEIL!

Zum Abschluss möchte ich dir noch für jedes Chakra eine lichtvolle Affirmation mit auf deinen weiteren Weg geben:

»ICH BIN SICHER UND GEBORGEN.
ICH GENIESSE MEINE LUST.
ICH HABE ALLE KRAFT UND MACHT,
DIE ICH BRAUCHE.
ICH LIEBE UND DIENE
EINEM GRÖSSEREN GANZEN.
ICH BIN AUTHENTISCH UND WAHRHAFTIG.
ICH SEHE DAS GÖTTLICHE IN ALLEM.
ICH BIN EINS MIT ALLEM.
ICH BIN SEELE.«

Von Herzen
Susanne

DANKSAGUNG

Danke an meinen Mann Manfred, der mir immer zur Seite steht und mir von Anfang an den Raum gegeben hat, zu meiner Weiblichkeit zurückzufinden und sie zu leben. Er unterstützt mich in jeder Hinsicht und bestärkt mich darin, meine Gaben und mein Licht in die Welt zu bringen.

Danke an meine Töchter, die ich durch ihr Leben begleiten darf. Jede von ihnen entfaltet sich auf ihre eigene Art und Weise. Sie zeigen mir, wie wichtig Individualität, Freiheit und Vertrauen sind.

Danke an den Schirner Verlag, an Heidi und Markus Schirner für ihr Vertrauen und an meine Lektorin Claudia Simon für die wunderbare Betreuung und Begleitung bei all meinen Buchprojekten.

Danke an alle Klientinnen und Frauen, die ich begleiten durfte und durch die ich so viel gelernt und erfahren habe.

Danke an die vielen wunderbaren Menschen, von denen ich in den letzten Jahren lernen durfte und die mich auf meinem Entwicklungsweg begleitet haben.

INSPIRATIONEN UND WEITERFÜHRENDE LITERATUR

- Callahan, Clinton: Die Kraft des bewussten Fühlens. Ein Handbuch, um näher an Ihrer eigenen Wahrheit zu leben, Next Culture Press Verlag 2016
- Charles, Amara: The Sexual Practices of Quodoushka. Teachings from the Nagual Tradition, Destiny Books 2011
- Duprée, Ulrich Emil: Ho'oponopono. Das hawaiianische Vergebungsritual, Schirner Verlag 2013
- Grunow, Nhanga Ch.; Hanel, Inari H.: Neun Juwelen der Lust. Die Yoni-Typen auf dem indigenen Medizinrad
- Haerdle, Stephanie: Spritzen. Geschichte der weiblichen Ejakulation, Edition Nautilus Verlag 2024
- Heckert, Regina: Frauen im Kommen. Der weibliche Weg zu sexuellem Glück, Kamphausen Verlag 2023
- Heider-Rauter, Barbara: Die Kraft der liegenden Acht. Mit der Lemniskate zu unendlicher Harmonie, Schirner Verlag 2016
- Hill, Maisie: Superpower Periode. Wie Sie Ihren Zyklus richtig verstehen und seinen Rhythmus für sich nutzen, VAK Verlag 2020
- Holitzka, Marlies und Klaus: E.V.A. Projekt. Entdecke und spiele mit deinen einmalig vielen Anteilen, Arun Verlag 2022
- Kirchner, Elke: Weibliche Urkraft leben. Intuition, Selbstermächtigung und Heilung auf dem Pfad der weisen Frauen, Schirner Verlag 2021
- Klemm, Pavlina: Heilsymbole und Zahlenreihen. Arbeitsbuch der Plejadenheilung. Amra Verlag 2020
- König, Verena: Bin ich traumatisiert?. Wie wir die immer gleichen Probleme verlassen, Gräfe und Unzer Verlag 2021
- Marashinsky, Amy Sophia; Janto, Hrana: Göttinnengeflüster. Mit Orakeln und Ritualen zur eigenen Kraft, Schirner Verlag 2017

- Rainbow, Sonia Emilia: Frauenheilkraft. Das vergessene Wissen um die Urkraft der Gebärmutter, Ansata Verlag 2019
- Ruland, Jeanne: Heilige Geometrie. Heilen mit dem Licht der Schöpfung, Schirner Verlag 2022
- Ruland, Jeanne; Hellweg, Marion: Maria Magdalena. Rückkehr und Heilung der Weiblichkeit, Schirner Verlag 2012
- Sanyal, Mithu M.: Vulva. Die Enthüllung des unsichtbaren Geschlechts, Wagenbach Verlag 2009
- Schäfer, Silke: Der kosmische Moment. Mit der Astrologie der Neuen Zeit in die Energie jeden Augenblick eintauchen, Unum (Gräfe und Unzer Verlag) 2022
- Schmid, Kim Kassandra: Shakti. Orakel der weiblichen Urkraft, Schirner Verlag 2023
- Steidl, Susanne: Chakra-Energie-Handbuch für jeden Tag. Aktiviere die Lebensenergie, und schöpfe aus dem Vollen!, Schirner Verlag 2020
- Steidl, Susanne: Chakra-Energie. Kraftvolle Impulse für die tägliche Praxis, Schirner Verlag 2019
- Ruland, Jeanne; Felgenhauer, Shantidevi: Ahnenheilung. Auflösung von uralten Familienprägungen, Schirner Verlag 2020
- Wienberg, Luisa: Seelische Archetypen – Das Praxisbuch. Wie Sie die 12 Archetypen der Seele leicht verstehen, Ihre Persönlichkeit neu entdecken und zu einem authentischen Leben finden, edition Seele Verlag 2022

ÜBER DIE AUTORIN

Susanne Steidl lebt in Pfalzen (Südtirol) und ist seit 2003 als selbstständige Trainerin und Coachin tätig. Einfühlsam, intuitiv und kraftvoll begleitet sie Frauen auf deren Weg zum weiblichen Sein. Eine ihrer Stärken liegt darin, den Ursprung von Lebensthemen zu erkennen, wodurch diese geklärt und geheilt werden können.

Ihre Angebote:

- Online-Transformations-Coaching »Yoni-Chakra«
- Schoßraumrituale – online und in Präsenz
- Seminar »Yoni-Erwachen«
- Seminare »Dein Weg zur Liebe« und »Raum für Liebe«
- Ausbildung »Heilsein – dein Ursprung«
- persönliche Channelings

Weitere Informationen unter: **www.susanne-steidl.com**

DIE QUELLEN DER LEBENSENERGIE ZUM SPRUDELN BRINGEN!

Susanne Steidl
Chakra-Energie-Handbuch für jeden Tag
Aktiviere die Lebensenergie, und schöpfe aus dem Vollen!

176 Seiten
ISBN 978-3-8434-1455-5

Schirner Verlag

Susanne Steidl
Chakra-Energie
Kraftvolle Impulse für die tägliche Praxis

Set mit Buch und 50 Karten
ISBN 978-3-8434-9129-7

BILDNACHWEIS

Bilder von www.shutterstock.com:
Layoutelemente: farbiger Bildrahmen #1676132554 (©Casther), farbiger Rauch #1676132551 (©Casther), Lotosblüte #426023218 (©Benjavisa Ruangvaree Art)
S. 12: #1039280584 (©Asmiana), S. 15: #1042277725 (©Asmiana), S. 18: #251275354 (©new_extra), S. 30: #546706678 (©Zolotarevs), S. 56: #447115267 (©ZaitsevMaksym), S. 84: #116946712 (©Petar Paunchev), S. 104: #1439376284 (©DardaInna), S. 122: #2190817927 (©KieferPix), S. 142: #636295793 (©Zolotarevs), S. 154: #1713567448 (©Ironika)

Autorenfoto S. 173: ©Julia Lesina Debiasi